STEUERTSUNAMI

BITCOIN

**Erstaunliche Erkenntnisse zu allem,
was man zu Kryptowährungen und Steuern
jetzt unbedingt wissen sollte**

von
Prof. Dr. Joerg Andres
und
Michael Huss

Paperback: 978-3-96111-955-4
eBook: 978-3-96376-111-9

Erstauflage 2018

©2018 DR. ANDRES Rechtsanwaltsgesellschaft mbH
Marienstr. 10
40212 Düsseldorf
www.andresrecht.de

Printen in Poland by Sowa Sp. z o.o.
ul. Raszyńska 13
05-500 Piaseczno Polska
www.sowadruk.pl
tel. 022 431-81-40

A) Grußwort

Als ehemaliger Investmentbanker und Fondsmanager, werde ich im aktuellen Zinsumfeld beim Small-Talk immer wieder nach Investmentempfehlungen gefragt.

Seit etwa einem Jahr kommen auch immer mehr Fragen zu Kryptowährungen (Bitcoin, Ethereum, etc.), weil viele glauben, damit das schnelle Geld verdienen zu können.

Die Tatsache, dass es nach dem Geldverdienen irgendwann auch darum geht, diese Zuflüsse dem Finanzamt zu erklären, haben die meisten verdrängt oder sich zumindest keine Gedanken über die eigenen steuerlichen Verpflichtungen gemacht.

Deshalb war ich angenehm überrascht als mich mein – darf ich sagen „alter" – Bekannter Joerg Andres, den ich seit vielen Jahren kenne und schätze, gebeten hat, ein Grußwort für ein neues Buch zu schreiben.

Als er mir andeutete, um was es gehen soll und dann der Begriff „Bitcoin-Besteuerung" fiel, habe ich spontan zugesagt.

Nicht nur, weil ich das Thema für ein sehr drängendes und oft unterschätztes halte, sondern auch, weil ich mir da schon sicher war, dass er in der Lage ist, ein so kompliziertes und komplexes Thema kompetent, verständlich und dabei zusätzlich unterhaltsam im Sinne eines „Infotainment" darzustellen.

Da viele Personen noch immer die Mär glauben, dass Anlagen in Kryptowährungen anonym seien oder nur eine Steuerart betreffen würden, wird in dem Buch nicht nur mit diesem Irrglauben, sondern gleich mit zahlreichen anderen Bitcoin-Mythen ein für alle Mal aufgeräumt. Dabei werden viele im Zusammenhang mit Recht und Steuern auftretende Zweifelsfragen Betroffener angesprochen und praxisnah gelöst.

Wer sich heute noch darauf verlässt, dass deutsche Finanzämter Kryptogewinne nicht aufspüren werden, der irrt gewaltig, selbst wenn die meisten Finanzämter im Moment noch keinen Experten für Kryptowährungen vorzuweisen haben. Die Zeit arbeitet hier meist für den Fiskus.

Daher kann ich jedem Betroffenen nur raten:

Wer ein böses Erwachen in Kryptosteuerfragen vermeiden möchte, der sollte sich dieses Buch unbedingt zu Gemüte führen.

Den Autoren wünsche ich dazu viel Erfolg!

Düsseldorf, im März 2018
Jacques Abramowicz

B) Gliederung

C) Einleitung

Die zum Jahresende 2017 teils atemberaubende Wertentwicklung des Bitcoin hat zu einem Wahrnehmungsschub bei den Kryptowährungen in Deutschland geführt. Die teilweise noch spektakulärere Entwicklung von Ethereum, Litecoin oder Ripple ist dagegen mehr im Hintergrund geblieben. Alles das hat ein Phänomen ausgelöst, welches in der Welt der Steuern in dieser ausgeprägten Form in der Bundesrepublik Deutschland noch nicht aufgetreten ist und in seinen Konsequenzen einem gewaltigen Seebeben gleicht.

Hierdurch wurde eine bereits angelaufene steuertektonische Tsunamiwelle ausgelöst. Deren Größe lässt sich ansatzweise aus den Ergebnissen einer Studie[1] aus Januar 2018 ablesen, wonach alleine die Kursgewinne aus Geldanlagen in Bitcoin und anderen Kryptowährungen dem Bund 2017 zusätzliche Steuereinnahmen von 726 Millionen € einbringen könnten[2].

Welche Brisanz diese in ihrer Tragweite von den meisten noch gar nicht wahrgenommene rasante Entwicklung auf der Ebene der Finanzverwaltung hat, ist selbst den meisten davon unmittelbar Betroffenen – also den Finanzämtern und den Steuerpflichtigen – wenn überhaupt, so nur am Rande bewusst.

In Indien ist derweil der Handlungsbedarf schon aufgefallen. Dort wurden laut einer Meldung vom 21.01.2018 jetzt Zehntausende Anleger zur Nacherklärung von Kryptowährungsgewinnen durch die Finanzämter aufgefordert. Immerhin gibt es dort dafür schon spezielle Fragebögen[3].

Aktueller Handlungsbedarf und Inhalt des Buches

Wenngleich es hierzulande eine Vielzahl interessierter und kompetenter Internetnutzer gibt, die sich im Zuge des Rekordjahres des Bitcoin mit dem Thema von Kryptowährungen schon

---

[1] Philipp Sandner/Klaus Himmer, Studie des Frankfurt School Blockchain Center

[2] SPIEGEL Online vom 22.01.2018, http://www.spiegel.de/wirtschaft/service/bitcoin-kryptowaehrung-bringt-deutschem-fiskus-726-millionen-euro-a-1189193.html

[3] Lars Sobiraj, BTC-Echo vom 21.01.2018, https://www.btc-echo.de/indien-zehntausende-anleger-muessen-steuern-nachzahlen/

beschäftigt haben, wird vielen erfolgreichen privaten Tradern erst mit Beginn des Jahres 2018 allmählich schmerzlich bewusst, dass hier ein unerwünschter und relativ unbekannter Handlungsbedarf gewissermaßen über Nacht erstmals entstanden ist.

Wollen Steuerpflichtige in Deutschland ihre Steuererklärung für das abgelaufene Jahr 2017 mit Erträgen aus Bitcoin und anderen Kryptowährungen erstellen, stoßen sie auf viele neue Fragen, die sich in diesem Zusammenhang ergeben und ohne zusätzliche qualifizierte Informationen nicht sicher beantwortet werden können.

Da bis zum 31. Mai 2018 für viele die Abgabe der jährlichen Einkommensteuererklärung 2017 ansteht, in der dann auch eigene Kryptowährungsgeschäfte angegeben werden müssen, werden die grundlegendsten davon in diesem Buch u.a. verteilt auf die relevanten Steuerarten

- Einkommensteuer
- Umsatzsteuer
- Gewerbesteuer
- Schenkungsteuer und
- Erbschaftsteuer

anhand zahlreicher einfacher Beispiele und zusätzlicher Erläuterungen der zugehörigen Hintergründe behandelt.

Zudem werden die Folgen skizziert, die drohen, wenn die zum Teil durchaus noch unklaren Anforderungen der Finanzämter nicht, nicht vollständig oder verspätet erfüllt werden und zu welchen empfindlichen Strafen es hier kommen kann.

Zugleich werden Wege aufgezeigt, wie in der Vergangenheit versehentlich noch nicht erklärte Einkünfte nachträglich beim Finanzamt noch bereinigt werden können.

Zusätzlich erhält der Leser in einfacher und verständlicher Form einen angemessenen Überblick über den aktuellen Stand von Gesetzgebung, Verwaltungsanweisungen und Rechtsprechung auf nationaler und internationaler Ebene, soweit dies zur richtigen Einordnung der eigenen steuerlichen Rechte und Pflichten erforderlich ist.

Drohende Nachteile und Risiken für den Steuerpflichtigen

Eine fundierte Einschätzung über den erforderlichen Umgang mit steuerlichen Pflichten ist für den betroffenen Steuerpflichtigen umso wichtiger, als derzeit bei den Finanzämtern über weite Strecken noch niemand als Ansprechpartner für Kryptowährungsfragen zur Verfügung steht.

Spätestens wenn der Steuerpflichtige aber nach eingereichter Steuererklärung wegen ansonsten überzahlter Steuern eine Steuererstattung erwartet, wird die Angelegenheit schon nach wenigen Wochen für beide Seiten ganz offensichtlich auch noch unangenehm:

• Für den Steuerpflichtigen, weil seine Steuererklärung mangels ausreichender Vorgaben – und ggf. auch Vorkenntnisse – vom zuständigen Sachbearbeiter nicht abschließend bearbeitet werden kann.

• Für den Sachbearbeiter beim Finanzamt, weil er mangels konkreter Vorgaben „von oben" nicht zügig arbeiten kann und den Steuerzahler immer weiter vertrösten muss.

Für ein solches „Vorgabevakuum" hat der Steuerpflichtige mit zunehmendem Zeitablauf immer weniger Verständnis. Das vor allem dann, wenn er die u.U. bereits für Freizeitaktivitäten fest eingeplante Steuererstattung „bis auf Weiteres" noch nicht erhalten kann, weil kein Steuerbescheid ergeht.

Die enorme Gefahr, die von dieser über weite Strecken völlig unausgegorenen und lückenhaften Regelungskonstellation ausgeht, wird jedenfalls für den Steuerpflichtigen in einer weiteren Variante noch viel deutlicher:

Erhält er seinen Steuerbescheid hingegen mit einer erheblichen Nachzahlungsforderung ist das bereits wenig erfreulich. Wird ihm aber zugleich eröffnet, dass zeitgleich ein steuerstrafrechtliches Ermittlungsverfahren gegen ihn wegen vorsätzlicher Steuerhinterziehung eröffnet worden sei, weil die Finanzverwaltung davon ausgehe, er habe erhebliche Teile seiner Krypto-Spekulationsgewinne gar nicht angegeben, ist das Entsetzen groß.

Erst dann wird vollends klar, dass aufgrund von (unvollständig und/oder unverständlich erscheinenden) Angaben und möglichen vom Finanzamt teilweise zusätzlich geschätzten Besteuerungsgrundlagen ein Sachverhalt der Besteuerung vorläufig zugrunde gelegt werden kann, der nachträglich weder in die eine noch in die andere Richtung vollständig beweisbar ist.

Wieso diese Gefahr bei dem Handel mit Kryptowährungen oder deren Erzeugung („Minen") besonders groß und naheliegend ist und in welcher Form hier Vorsorge betrieben werden kann und muss, wollen wir in einer Gesamtschau ebenfalls darstellen.

Die Besteuerung von Kryptowährungsaktivitäten wird in ihrer Risiko-Tragweite deutlich unterschätzt. Bereits verwirklichte Steuertatbestände müssen in dafür vorgesehenen Steuererklärungen deklariert werden.

Fakt ist: Die Finanzverwaltung sitzt beim Erlass von Steuerbescheiden gegenüber dem Steuerpflichtigen am deutlich längeren Hebel – und zwar unabhängig davon, ob sie bei ihren Entscheidungen auf Grundlage ausreichender Ermächtigungsgrundlagen und Kenntnisse agiert oder lediglich unter Zeitdruck Bescheide auf Basis einer von ihr als richtig erachteten vorläufigen Beurteilung fertigt.

Die große Welle des Steuertsunamis zeichnet sich am Horizont aber bereits deutlich erkennbar ab.

Am Ende könnte sich die Erkenntnis von Michail Gorbatschow erneut bewahrheiten:

„Wer zu spät kommt, den bestraft das Leben".

Düsseldorf, im März 2018
Die Autoren

Redaktionelle Hinweise:

Um das Lesen dieses Buches zu erleichtern und auch zu beschleunigen, haben wir immer wieder Zusatzerläuterungen als „Expertenwissen" textlich hervorgehoben, deren Durchlesen nicht zwangsläufig erforderlich ist, um den Gesamtkontext zu verstehen. Für alle, die sich etwas intensiver mit den rechtlichen

Grundlagen beschäftigen möchten, können dies wertvolle Zusatzhinweise sein, deren Details so nicht extra recherchiert zu werden brauchen und trotzdem zur Verfügung stehen.

Abschließend betonen wir ausdrücklich, dass wir mit diesem Buch **keine Steuer-, Rechts- oder Anlageberatung im Einzelfall** ausführen wollen oder können. Dies bleibt der individuellen Beratung durch Steuerberater, Rechtsanwälte, Wirtschaftsprüfer und sonstige Berufsgeheimnisträger, ggf. auch durch Banker oder Vermögensverwalter vorbehalten.

Wir würden uns aber sehr freuen, wenn unser Buch ein überwiegend positives Echo auslösen und unsere Leser – vielleicht sogar die Mitarbeiter der Finanzämter – motivieren würde, sich mehr mit dem Thema der Kryptowährungen zu beschäftigen, um Missverständnisse, Fehler und Nachteile für alle Seiten zu vermeiden, also steuerlich fit in Sachen Bitcoin & Co. zu werden.

Gelingt es so, die durchaus erwartbaren Anforderungen der Finanzverwaltung professionell und vor allem nahezu vollständig zu erfüllen, kann sich jeder Steuerpflichtige wieder auf das Wesentliche, also das Traden oder Minen mit oder von Coins, Tokens usw. beschäftigen und braucht sich viel weniger Gedanken um die Erfüllung steuerlicher Pflichten und die Ahndung unterlassener Mitwirkungspflichten zu machen.

Danksagung

Wir danken herzlich all den zahlreichen Steuerexperten in den Finanzämtern, die wir mit unseren Fragen im Vorfeld der Herausgabe dieses Buches mehrfach behelligen durften und die uns im Rahmen der bestehenden Möglichkeiten auch gerne Auskunft erteilt haben. Ebenso den verantwortlichen Personen im Finanzministerium Nordrhein-Westfalen.

Ganz besonders bedanken wir uns bei (in alphabetischer Reihenfolge)

... Herrn Christian Böhmer, Düsseldorf

... Frau Heike Cohausz, P4 Career, Düsseldorf

... Frau Dipl.-Finw. (FH)/StB Angela Hauch, Köln

... Herrn Klaus Himmer, Cryptotax, München
... den Herren Dario Kachel + Patrick Damboldt, CoinTracking, München
... Herrn Zafer Kati, Loewen Business GmbH, Düsseldorf
... Herrn StB Sascha Kobelt, Düsseldorf
... Herrn Bernd Lichtenauer, Hilden
... Herrn Harro Meyer, Krefeld
... Herrn Prof. Dr. Philipp Sandner, Frankfurt School Blockchain Center
... Herrn David Scherf, Düsseldorf
... Herrn StB Markus Schmetz, Düsseldorf
... Meella und Elementi.studio von 99Designs
und den studentischen Mitarbeitern
... Niklas Farnbacher,
... Larisa Kochanova,
... Marius Molzahn

sowie im Sekretariat Frau Regina Plambeck

für die zahlreichen Korrekturen, Hinweise, Anregungen und Formulierungsvorschläge zu den Textentwürfen, die das Verfassen dieses Buches ungemein erleichtert und befördert haben.

Für die Bereitschaft unser Buch mit einem besonderen Grußwort auszustatten, danken wir dem weit über Deutschland hinaus bekannten Finanz- und Telekommunikationsexperten, Herrn Jacques Abramowicz, im Besonderen.

Desweiteren gilt unser Dank unserem YouTube-Video-Team von Mach21 bestehend aus Roland Henke und Kim Nguyen, die mit ihrer großen Sorgfalt, Aufmerksamkeit und Kreativität für stetige Verbesserungen der Qualität unserer Video-Beiträge auf „andresrecht" sorgen.

Danken möchten wir auch Herrn RA Dr. Jonas Ewert, der uns in Fragen des Urheberrechts und des gewerblichen Rechtsschutzes zuverlässig und kompetent unterstützt hat, sowie unserem Toningenieur Oliver Bergner und dem Eden-River-Records Tonstudio von Ralf Kemper in Köln.

Last but not least möchten wir unserer Lektorin Frau Petra Wronewitz für ihren unermüdlichen und konsequenten Einsatz zur Optimierung des Manuskripts und der darin enthaltenen Grafiken Dank sagen, die ohne ihr Zutun in dieser ansprechenden Form nicht existieren würden.

Wir hoffen, mit unserem Werk einen kleinen Beitrag dazu leisten zu können, viele Betroffene ein wenig vertrauter mit Bitcoin & Co. zu machen. Dadurch dürfte das Verständnis in Bezug auf Kryptowährungen letzten Endes genauso wie deren Akzeptanz steigen.

Beides erscheint uns wichtig zu sein.

Joerg Andres und Michael Huss

Zu den Autoren:

Joerg Andres ist seit mehr als 20 Jahren als Rechtsanwalt, Fachanwalt für Steuerrecht und Steuerberater, zeitweise auch als Chef-Unternehmensjurist in einem weltweit führenden amerikanischen Werbe- und Kommunikationsagenturkonzern, tätig. Er ist Geschäftsführer der DR. ANDRES Rechtsanwaltsgesellschaft mbH (www.andresrecht.de) mit Sitz in Düsseldorf. Als Dozent und Professor für Wirtschafts-und Steuerrecht an der FOM Hochschule Düsseldorf lehrt er seit mehr als 10 Jahren u.a. in den Bereichen Steuerverfahrens-/Steuerstraf-/Erbschaftsteuer- und Erbrecht sowie Verhandlungsführung. Als Autor ist er zudem langjährig in den Bereichen Steuerverfahrens-/Erbrecht und Erbschaftsteuer aktiv und befasst sich dort unter anderem mit dem digitalen Nachlass und der Besteuerung bislang unbekannter Phänomene, wie in seiner Dissertation im Jahre 2001 mit der damals neu eingeführten Umsatzbesteuerung von Bücher-Downloads. Auf seinem YouTube Kanal „andresrecht" kommentiert er in seinen Videos aktuelle, spannende und richtungsweisende Rechtsentwicklungen anhand praktischer Fälle. Ausgehend von seinen Erfahrungen auf unterschiedlichen Ebenen als Business-Angel und Berater von erfolgversprechenden Startups, Unternehmern und vermögenden Privatpersonen gibt er immer wieder Prognosen über den Handlungsbedarf im und die Zukunft des deutschen Wirtschafts- und Steuerrechts ab. Und last but not least: Er hilft seinen aktuellen und ehemaligen Studenten auf dem Weg ins und durchs Berufsleben durch geeignete Ausbildung, die Herstellung von Kontakten oder durch eine dauerhafte Zusammenarbeit. Manchmal funktioniert das übrigens richtig erfolgreich.

Der Technikexperte Michael Huss hat schon in jungen Jahren einige wegweisende Erfahrungen im Consulting-Bereich gesammelt und konnte sich sowohl als Fachinformatiker als auch als Vertriebsmanager in kürzester Zeit auf dem internationalen Markt etablieren. Seit 2012 engagiert er sich in verschiedenen Startup-Unternehmen und unterstützt vielversprechende Gründer auf ihrem Weg zum Erfolg. Nach dem Aufkommen von Bitcoin spezialisierte Huss sich auf Kryptowährungen, wobei sowohl technische Hintergründe als auch vertriebliche Themen für ihn im Fokus stehen. Die wesentlichen Grundlagen für die Fragestellungen dieses Buches basieren auf den zahlreichen praktischen Erfahrungen und innovativen Ansätzen des jungen Unternehmers.

Kapitel 1:
Fragen über Fragen

(Joerg Andres)

Wenn Sie innerhalb eines Kalenderjahres mehr als nur 600 € Gewinn mit Kryptowährungen erzielt haben, sollten Sie sich Gedanken dazu machen, wie Sie steuerlich mit dem zusätzlichen Wohlstand umgehen.

Haben Sie im Freundeskreis einmal die Menschen angesprochen, die früher schon internetaffin gewesen sind?

Und haben Sie wenigstens einen gefunden, der Näheres über die geltenden Besteuerungsregelungen wusste oder gar schon einmal Bitcoingewinne steuerlich angegeben hat?

Oder wurde Ihnen der „Geheimtipp" gegeben, einfach nichts anzugeben, weil die Finanzämter ohnehin keine Chance hätten, die nicht deklarierten Gewinne nachzuprüfen?

Oder haben Sie gleich einen Steuerberater angesprochen, der ihnen erwiderte, er habe bislang noch keine einzige solche Steuererklärung vorbereitet?

Spätestens im letztgenannten Fall dürften Sie auf die Idee gekommen sein, dass das so schnell verdiente virtuelle Geld „bei der Steuer" zu langfristig unangenehmen Konsequenzen führen könnte.

Zu dem Fragenkomplex der Kryptowährungen – wenn diese denn tatsächlich alle gemeint gewesen sein sollten – hat sich ein Vertreter des Bundesministeriums der Finanzen im Rahmen der Bundespressekonferenz am 13.12.2017 auf mehrere teilweise bohrende Nachfragen ausschnittsweise wie folgt geäußert:

Kernaussagen waren:

- „... die Entwicklung auf dem Finanzmarkt wird sehr aufmerksam beobachtet ..."
- „Bitcoins sind kein gesetzliches Zahlungsmittel und unterliegen keiner Einlagensicherung."
- „Für Bitcoins gelten die allgemeinen Regelungen für Spekulationsgeschäfte."
- „Bitcoins unterscheiden sich von Aktien und anderen Kapitalanlagen dadurch, dass sie kein Recht auf laufende Erträge begründen."

Auf die Frage, nach der in Deutschland bereits erfolgten Besteuerung von Bitcoin-Spekulationsgewinnen, also der konkreten Höhe von Steuereinnahmen hieraus, hieß es:

• „... die Erhebung der Steuern ist Ländersache ..."

Auf weitere Nachfragen zur möglicherweise geplanten Regulierung des Handels und der Sicherheit des Handels mit Bitcoins:

• „Ich habe das dazu gesagt, was ich dazu zu sagen habe."

Mit anderen Worten:

Wo keine speziellen Regelungen, Erfahrungen oder Zahlen vorhanden sind, können diese auch nicht erläutert werden.

Das kann dem Vertreter des Bundesfinanzministeriums schlicht nicht zum Vorwurf gemacht werden. Dieser ist schließlich kein dafür zuständiger Gesetzgeber.

Wo im Einzelnen Handlungsbedarf besteht, wird demnach derzeit noch ermittelt. Erst danach dürfte dann der Gesetzgeber oder die Finanzverwaltung auf den Plan treten.

Einziges Problem:

Der Markt wartet nicht, bis der Gesetzgeber und die Verwaltung sich sortiert haben.

Kapitel 2:
Systematik des deutschen Steuerrechts

(Joerg Andres)

Das deutsche Steuerrecht stellt einen klassischen Fall der sog. Eingriffsverwaltung dar, d.h. der Staat versucht, in einen Kernbereich des Einzelnen einzugreifen: In dessen Eigentum.

Im deutschen Grundgesetz heißt es in Artikel 14:

(1) Das Eigentum und das Erbrecht werden gewährleistet. Inhalt und Schranken werden durch die Gesetze bestimmt.

(2) Eigentum verpflichtet. (...)

Von dem fiskalischen Steueranspruch ist demgegenüber hier nicht unmittelbar die Rede.

In Diskussionen über Steuern kommt dennoch häufig die Meinung durch, dass „alles" steuerpflichtig sei, wenn es nicht ausnahmsweise „steuerfrei" ist.
Die Systematik des deutschen Steuerrechts ist allerdings eine andere.

Es trifft zwar zu, dass weite Bereiche des menschlichen Lebens über steuerrechtliche Regelungen erfasst und dadurch auch steuerlich nutzbar gemacht werden.Dies ändert jedoch nichts daran, dass das Grundgesetz den Schutz des Eigentums – also z.B. des vom Bürger legal verdienten Geldes – an die erste Stelle gesetzt hat. Sowohl der Inhalt, als auch die Schranken – wozu auch die Steuern zählen – bedürfen jedoch grundsätzlich einer gesetzlichen Regelung.

Um diese Systematik verstehen zu können, ist es wichtig die Gewaltenteilung innerhalb der Bundesrepublik Deutschland nachzuvollziehen:

Expertenwissen: Graphik Gewaltenteilung

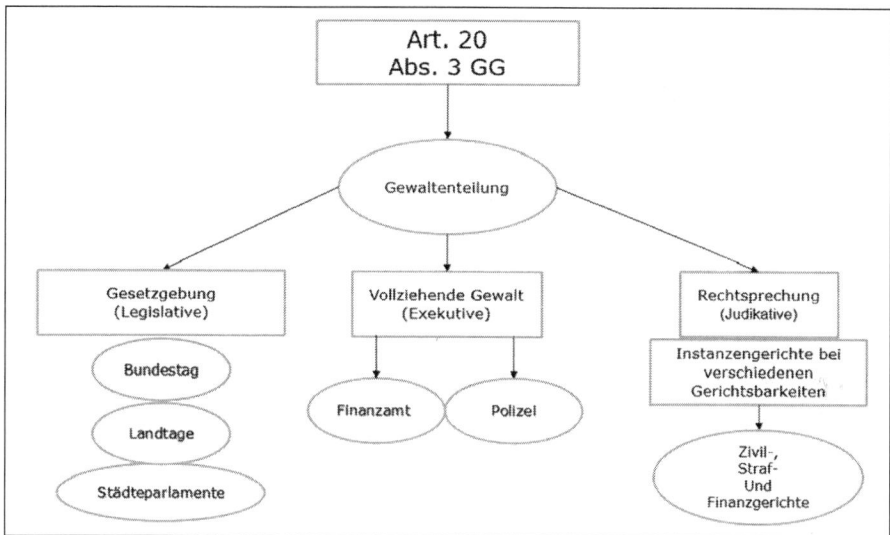

Am einfachsten lässt sich dies anhand eines Beispiels demonstrieren:

Hundert Schiffbrüchige unterschiedlichster Herkunft werden auf eine einsame Insel angespült. Eine Rettung von außen ist bis auf Weiteres nicht zu erwarten.

Um sich sinnvoll zu organisieren, muss zunächst ein grundlegendes Gesetz – als gesetzlicher Rahmen – geschaffen werden. Dazu dient bei uns das Grundgesetz.

Darin wird u.a. festgelegt, wie die Macht des Volkes auf drei unterschiedliche Gewalten verteilt wird. Dabei ist wichtig, dass jede Gewalt einen Kernkompetenzbereich zugewiesen erhält, in den kein anderer eingreifen kann. Andererseits soll keine Gewalt die andere zu weitgehend dominieren. Dies geht am besten durch eine wechselseitige Kontrolle.

Als erstes müssen auf Grundlage eines einmal von allen gemeinschaftlich verabschiedeten Grundgesetzes mit einem allseits akzeptierten Wertekanon (z.B. die Menschenrechte) weitere Regelungen (= Gesetze) von einem dafür zu bildenden Gremium,

z.B. einem Ältestenrat (Legislative = gesetzgebende Gewalt) erlassen werden, dessen Autorität von allen Bewohnern akzeptiert
wird. In Deutschland sind dies z.b. der Bundestag oder die Län-
derparlamente. Diese füllen den gesetzgeberischen Rahmen des
Grundgesetzes durch „Spezialgesetze" aus.

Jedes einzelne der so erlassenen Gesetze muss sodann von der
zweiten Gewalt, also z.b. einigen kräftigen Personen (Exekutive
= ausführende Gewalt) gegenüber den Einwohnern um- und auch
durchgesetzt werden. Da auch diese Gesetze nicht jedes Detail
regeln können, ermächtigt der Gesetzgeber die nachgeordnete
Verwaltung, dies durch geeignete Verfügungen oder Einzelmaß-
nahmen in angemessener Form zu tun.

Dazu dient bei uns z.B. die Polizei oder eben das Finanzamt.
Innerhalb der Finanzverwaltung werden die Aktivitäten vom
Bundesfinanzministerium, über die Landesfinanzministerien,
die Oberfinanzdirektionen bis hinunter zu den Finanzämtern bestimmt.

Auf einer dritten Ebene wird durch einen oder mehrere Richter
(Judikative = rechtsprechende Gewalt) dann überprüft, ob die
Anwendung der Gesetze korrekt erfolgt oder ob vielleicht sogar
das Gesetz selbst, auf dessen Grundlage die Exekutive gehandelt
hat, gar nicht korrekt (= verfassungsgemäß) war und deshalb
wieder aufgehoben werden muss. Auf diese Weise hat jeder einzelne Bürger die Möglichkeit, sich vor staatlicher Willkür und ungerechtfertigten Nachteilen zu schützen.

Auch wenn die Judikative Gesetze für unwirksam (= verfas-
sungswidrig) erklären kann, darf sie sich nicht einfach an die
Stelle des Gesetzgebers setzen. Sie kann aber sehr wohl dem
Gesetzgeber auferlegen, innerhalb einer angemessenen Frist ein
verfassungsgemäßes Gesetz anstelle eines bislang verfassungs-
widrigen zu erlassen und dadurch die Vorgaben des Grundgesetzes wieder zu erfüllen.

Ähnlich – und doch anders – verhält es sich, wenn die Exekutive, also z.B. das Finanzamt, bemerkt, dass ein Handlungsbedarf

zur Erhebung von Steuern besteht, aber die gesetzliche Grundlage dafür noch nicht oder nur unzureichend besteht.

Wenn also auf Ebene der Exekutive festgestellt wird, dass in der realen (oder virtuellen) Welt neue Produkte (wie Bitcoin oder andere Kryptowährungen) und Wertschöpfungsvorgänge entstehen, die bislang noch nicht besteuert wurden, gibt es mehrere Möglichkeiten, mit dieser Situation umzugehen:

1. Die Finanzverwaltung besteuert den Vorgang nicht, weist aber auf die Lücke in der Gesetzgebung hin und fordert den Gesetzgeber auf, tätig zu werden.

2. Die Finanzverwaltung unternimmt den Versuch, den neuen Vorgang einfach so zu behandeln, als wäre dieser Vorgang identisch mit anderen, die bereits besteuert werden. Dies erfolgte z.B. Ende der neunziger Jahre, als die Downloads von Büchern über das Internet auf Grundlage einer Anweisung der Oberfinanzdirektion (damals: Koblenz) umsatzsteuerlich genauso behandelt wurden, wie der Verkauf von echten herkömmlichen Büchern.[4] In dieser Variante kann sich dies in mehrere Richtungen hin auswirken:

   a). Die Steuerpflichtigen akzeptieren das Vorgehen und zahlen die festgesetzten Steuern. → der Gesetzgeber wird nicht tätig

   b). Die Steuerpflichtigen akzeptieren das Vorgehen nicht, klagen gegen die Steuern und gewinnen. → die Steuern müssen nicht gezahlt werden/werden zurückerstattet → meist wird danach dann der Gesetzgeber tätig, um wenigstens für die Zukunft Steuern aus vergleichbaren Vorgängen generieren zu können.

   c). Die Steuerpflichtigen akzeptieren das Vorgehen nicht, klagen gegen die Steuern und verlieren endgültig in letzter Instanz. → die Steuern müssen gezahlt werden

---

[4] Vgl. dazu Andres, Diss. Saarbrücken 2001, Die Umsatzbesteuerung von Internet-Transaktionen unter besonderer Berücksichtigung des Begriffs der Leistung

Halten wir also fest:

Soweit neue Lebenssachverhalte entstehen, muss zunächst geprüft werden, ob diese von den bereits existierenden Steuergesetzen ausreichend klar und nachprüfbar erfasst werden.

Ist dies der Fall, ist die jeweilige Konstellation grundsätzlich „steuerbar", d.h. das jeweilige Steuergesetz findet darauf Anwendung.

Das heißt allerdings noch nicht, dass auch alles, worauf das jeweilige Gesetz grundsätzlich anzuwenden ist, auch innerhalb dieses Gesetzes automatisch zur Steuerpflicht dieses Vorgangs führt.

Zahlreiche Steuergesetze machen von einer einmal festgestellten Steuerbarkeit weitreichende Ausnahmen (z.B. im Umsatzsteuergesetz, im Erbschaft- und Schenkungsteuergesetz oder im Grunderwerbsteuergesetz), weil der Gesetzgeber jeweils Gründe zu erkennen glaubt, die eine Besteuerung im Einzelfall nicht rechtfertigen. Hierzu setzt er Freibeträge oder Freigrenzen ein, um dem Steuerpflichtigen entsprechende Freiräume zu belassen.

EXPERTENWISSEN: Unterscheidung Freibetrag/Freigrenze

Beim Freibetrag handelt es sich um einen Betrag, der bei der Besteuerung immer unberücksichtigt bleibt. Dadurch wird also die Steuerbemessungs-grundlage gemindert.
Beispiel:
Ist ein Freibetrag in einer Einkunftsart in Höhe von 20.000 € vorgegeben und erhält der Steuerpflichtige eine Bereicherung von 22.000 € muss er nur Steuern auf eine Bemessungsgrundlage in Höhe von (22.000 – 20.000 =) 2.000 € zahlen. 20.000 € bleiben also unbesteuert.
Mit anderen Worten: Bei einer Überschreitung des Freibetrags muss nicht der gesamte Betrag versteuert werden, sondern nur der Teil des Betrages, der den Freibetrag übersteigt.
Handelt es sich bei dem Betrag von 20.000 € im obigen Beispiel aber nur um eine Freigrenze, wären auch nur maximal 20.000 € steuerfrei. Da im Beispiel aber Einkünfte von mehr als 20.000 € (nämlich 22.000 €) erzielt werden, müssten diese dann voll (also in Höhe des Gesamtbetrages von 22.000 €) versteuert werden.
Also genau so, als gäbe es gar keine Freigrenze.

Vgl. Riedel in: Daragan/Halaczinsky/Riedel, ErbStG, BewG, § 13a Rn. 59

Sollte sich auf Ebene der Finanzverwaltung in speziellen Fällen von Kryptowährungsgeschäften für einzelne Steuerarten also die Erkenntnis durchsetzen, dass eine ausreichende gesetzliche Grundlage nicht besteht, könnte einmal mehr der Versuch unternommen werden, über ein solches Defizit hinwegzugehen, indem innerhalb der Finanzverwaltung einfach Maßnahmen (z.B. „Erlasse" oder „Richtlinien") ergehen, die die Finanzämter anweisen, bestimmte Vorgänge als steuerpflichtig zu behandeln.

Argument ist in solchen Fällen häufig, dass schließlich ein Besteuerungsbedürfnis bestehe, weil die neu entstandene Sachlage einer bereits im Gesetz geregelten ähnlich sei.

Selbst wenn dies im Einzelfall gegen das Grundgesetz verstoßen würde, hat die Finanzverwaltung einen riesigen Vorteil gegenüber jedem Steuerpflichtigen:

Sie kann auch auf solch wackliger Grundlage zunächst einmal einfach Steuerbescheide erlassen und damit Steuern festsetzen. Solange diese Bescheide nicht ganz offensichtlich unwirksam sind, gelten sie zunächst einmal als gültig.

Hintergrund dieser strikten Regelung ist § 125 der Abgabenordnung, der bestimmt, wann ein Bescheid von vornherein unwirksam ist.

Expertenwissen: § 125 AO

§ 125 AO

(1) Ein Verwaltungsakt ist nichtig, soweit er an einem besonders schwerwiegenden Fehler leidet und dies bei verständiger Würdigung aller in Betracht kommenden Umstände offenkundig ist.

(2) Ohne Rücksicht auf das Vorliegen der Voraussetzungen des Absatzes 1 ist ein Verwaltungsakt nichtig,

1.der schriftlich oder elektronisch erlassen worden ist, die erlassende Finanzbehörde aber nicht erkennen lässt,
2.den aus tatsächlichen Gründen niemand befolgen kann,
3.der die Begehung einer rechtswidrigen Tat verlangt, die einen Straf- oder Bußgeldtatbestand verwirklicht,
4.der gegen die guten Sitten verstößt.
(3) Ein Verwaltungsakt ist nicht schon deshalb nichtig, weil

> *1. Vorschriften über die örtliche Zuständigkeit nicht eingehalten worden sind,*
> *2. eine nach § 82 Abs. 1 Satz 1 Nr. 2 bis 6 und Satz 2 ausgeschlossene Person mitgewirkt hat,*
> *3. ein durch Rechtsvorschrift zur Mitwirkung berufener Ausschuss den für den Erlass des Verwaltungsakts vorgeschriebenen Beschluss nicht gefasst hat oder nicht beschlussfähig war,*
> *4. die nach einer Rechtsvorschrift erforderliche Mitwirkung einer anderen Behörde unterblieben ist.*
> *(4) Betrifft die Nichtigkeit nur einen Teil des Verwaltungsakts, so ist er im Ganzen nichtig, wenn der nichtige Teil so wesentlich ist, dass die Finanzbehörde den Verwaltungsakt ohne den nichtigen Teil nicht erlassen hätte.*
> *(5) Die Finanzbehörde kann die Nichtigkeit jederzeit von Amts wegen feststellen; auf Antrag ist sie festzustellen, wenn der Antragsteller hieran ein berechtigtes Interesse hat.*

Umkehrschluss: Ist der Bescheid nicht nichtig, ist er grundsätzlich immer wirksam, d.h. eine einmal festgesetzte Steuer muss auch gezahlt werden, selbst wenn einzelne Bestandteile des Bescheids (massiv) rechtswidrig sind.

Wäre jeder Steuerbescheid im Zweifel erst einmal unwirksam, wenn der Steuerpflichtige diesen angreift, würde die Finanzverwaltung über weite Strecken keine Einnahmen erzielen, weil jeder erst einmal Einspruch einlegen würde und dann keine Steuern mehr zahlen müsste. Dies hätte fatale Folgen für die Allgemeinheit, weil die Steuereinnahmen erst Jahre später eingetrieben werden könnten.

Will man also einen Steuerbescheid wegen einer anstehenden Nachzahlung angreifen und sicherstellen, dass der darin festgesetzte Betrag nicht innerhalb eines Monats gezahlt werden muss, ist zwingend die Beantragung der sog. Aussetzung der Vollziehung erforderlich. Dies muss separat begründet werden, damit das Finanzamt diesem Antrag entspricht.

> *Expertenwissen: Aussetzung der Vollziehung*
>
> *§ 361 Abs. 2 AO*
>
> *(2) Die Finanzbehörde, die den angefochtenen Verwaltungsakt erlassen hat, kann die Vollziehung ganz oder teilweise aussetzen; (…).*

Auf Antrag soll die Aussetzung erfolgen, wenn ernstliche Zweifel an der Rechtmäßigkeit des angefochtenen Verwaltungsakts bestehen oder wenn die Vollziehung für den Betroffenen eine unbillige, nicht durch überwiegende öffentliche Interessen gebotene Härte zur Folge hätte. Ist der Verwaltungsakt schon vollzogen, tritt an die Stelle der Aussetzung der Vollziehung die Aufhebung der Vollziehung. Bei Steuerbescheiden sind die Aussetzung und die Aufhebung der Vollziehung auf die festgesetzte Steuer, vermindert um die anzurechnenden Steuerabzugsbeträge, um die anzurechnende Körperschaftsteuer und um die festgesetzten Vorauszahlungen, beschränkt; dies gilt nicht, wenn die Aussetzung oder Aufhebung der Vollziehung zur Abwendung wesentlicher Nachteile nötig erscheint. Die Aussetzung kann von einer Sicherheitsleistung abhängig gemacht werden.

(vgl. zusätzlich § 69 Finanzgerichtsordnung).

Zudem kommt es immer wieder vor, dass neue Sachverhalte steuerlich erschlossen werden sollen. Stellt sich dann später heraus, dass die Steuer punktuell zu Unrecht erhoben wurde, muss die zu viel eingetriebene Steuer zurückerstattet werden. Dies geschieht bei fehlender Einsicht der Finanzverwaltung aber erst, wenn ein Steuerpflichtiger in letzter Instanz gegen die Finanzverwaltung gesiegt hat.

Da dies u.U. mehr als 10 Jahre dauern kann, vermeiden viele Steuerpflichtige das Kostenrisiko einer Klage, so dass der Fiskus dadurch am Ende oft kampflos gewinnt.

Kapitel 3:
Brisanz der Besteuerung nur teilweise bekannter Phänomene

(Joerg Andres)

Nicht im Einzelnen nachweisbar erwirtschaftete Gewinne haben etwas Anrüchiges an sich. Hinzu kommt die landläufige Meinung, dass ein seriöses Einkommen nur auf ordentlicher Arbeit und viel Fleiß basieren kann. Der Makel der Illegalität haftet einem Erfolg, der auf anderen Faktoren beruht, daher sehr schnell an.

Dann stellt sich als Nächstes die Frage: Und wenn ich erst einmal auf dem Radar des Finanzamts bin, was kann mir dann alles passieren?

Diese Befürchtungen scheinen sich mit geltendem Steuerrecht zu decken. In kaum einem anderen Land weltweit sind die Lebensbereiche des Einzelnen derart stark steuerlich reguliert, wie in Deutschland. Existieren in anderen Ländern zum Teil nur wenige unterschiedliche Einkommensteuersätze, scheitert der deutsche Gesetzgeber fast jährlich am bloßen Eliminieren der sog. kalten Progression, die paradoxerweise dazu führt, dass eine nominell inflationsausgleichende Gehaltserhöhung bei einem Arbeitnehmer im Ergebnis zu einem dann höheren Steuersatz als zuvor führen kann, dessen steuerlich relevante Leistungsfähigkeit aber in keiner Weise gesteigert wird. Von der Entrüstung des Partners/der Partnerin einmal ganz zu schweigen.

Hinzu kommt die landläufige Praxis vieler Finanzämter, in Fällen vermuteter Steuerhinterziehungsvorgänge nicht etwa zunächst von einer nur leichtfertigen Steuerverkürzung (= bloße Steuerordnungswidrigkeit, sanktionierbar „nur" mit Geldbußen bis zu 50.000 €), sondern ohne Ansehen der Person und möglicher (nicht vorhandener) Vorstrafen direkt von einer vorsätzlich begangenen Steuerhinterziehung (= Steuerstraftat, sanktionierbar mit Haftstrafen von bis zu fünf – in besonders schweren Fällen bis zu zehn Jahren, oder Geldstrafen von weit mehr als 50.000 €) auszugehen und ein steuerstrafrechtliches Ermittlungsverfahren auf dieser vermuteten Grundlage gegen den Betroffenen einzuleiten.

Expertenwissen: Unterschied zwischen leichtfertiger Steuerverkürzung (§ 378 AO) und Steuerhinterziehung (§ 370 AO)

Die Steuerhinterziehung als Delikt ist ein reines Vorsatzdelikt, § 370
AO. Da strafrechtlich – vorbehaltlich einer ausdrücklichen Regelung,
die fahrlässiges Handeln sanktioniert - nur vorsätzliches Handeln
sanktioniert wird (§ 15 StGB) bedarf es der Regelung der leichtfertigen Steuerhinterziehung, § 378 AO.

Während die Voraussetzungen grundsätzlich die Gleichen wie bei der
„normalen" Steuerhinterziehung nach § 370 AO sind, wird anstelle
von Vorsatz „Leichtfertigkeit" gefordert.

Der BFH versteht unter Leichtfertigkeit „einen erheblichen Grad an
Fahrlässigkeit, der etwa der groben Fahrlässigkeit des bürgerlichen
Rechts entspricht, aber im Gegensatz hierzu auf die persönlichen
Fähigkeiten des Täters abstellt."

§ 378 AO

*(1) Ordnungswidrig handelt, wer als Steuerpflichtiger oder bei Wahr-
nehmung der Angelegenheiten eines Steuerpflichtigen eine der in §
370 Abs. 1 bezeichneten Taten leichtfertig begeht. § 370 Abs. 4 bis
7 gilt entsprechend.*

*(2) Die Ordnungswidrigkeit kann mit einer Geldbuße bis zu fünfzig-
tausend Euro geahndet werden.*

*(3) Eine Geldbuße wird nicht festgesetzt, soweit der Täter gegenüber
der Finanzbehörde die unrichtigen Angaben berichtigt, die unvollständigen Angaben ergänzt oder die unterlassenen Angaben nachholt, bevor ihm oder seinem Vertreter die Einleitung eines Straf-
oder Bußgeldverfahrens wegen der Tat bekannt gegeben worden ist.
Sind Steuerverkürzungen bereits eingetreten oder Steuervorteile erlangt, so wird eine Geldbuße nicht festgesetzt, wenn der Täter die
aus der Tat zu seinen Gunsten verkürzten Steuern innerhalb der ihm
bestimmten angemessenen Frist entrichtet. § 371 Absatz 4 gilt entsprechend.*

§ 370 AO

(1) Mit Freiheitsstrafe bis zu fünf Jahren oder mit Geldstrafe wird bestraft, wer

1. den Finanzbehörden oder anderen Behörden über steuerlich erhebliche Tatsachen unrichtige oder unvollständige Angaben macht,

2. die Finanzbehörden pflichtwidrig über steuerlich erhebliche Tatsachen in Unkenntnis lässt oder

3. pflichtwidrig die Verwendung von Steuerzeichen oder Steuerstemplern unterlässt

und dadurch Steuern verkürzt oder für sich oder einen anderen nicht gerechtfertigte

Steuervorteile erlangt.

(2) Der Versuch ist strafbar.

(3) In besonders schweren Fällen ist die Strafe Freiheitsstrafe von sechs Monaten bis zu zehn Jahren. Ein besonders schwerer Fall liegt in der Regel vor, wenn der Täter

1. in großem Ausmaß Steuern verkürzt oder nicht gerechtfertigte Steuervorteile erlangt,

2. seine Befugnisse oder seine Stellung als Amtsträger oder Europäischer Amtsträger (§ 11 Absatz 1 Nummer 2a des Strafgesetzbuchs) missbraucht,

3. die Mithilfe eines Amtsträgers oder Europäischen Amtsträgers (§ 11 Absatz 1 Nummer 2a des Strafgesetzbuchs) ausnutzt, der seine Befugnisse oder seine Stellung missbraucht,

4. unter Verwendung nachgemachter oder verfälschter Belege fortgesetzt Steuern verkürzt oder nicht gerechtfertigte Steuervorteile erlangt,

5. als Mitglied einer Bande, die sich zur fortgesetzten Begehung von Taten nach Absatz 1 verbunden hat, Umsatz- oder Verbrauchssteuern verkürzt oder nicht gerechtfertigte Umsatz- oder Verbrauchssteuervorteile erlangt oder

6. eine Drittstaat-Gesellschaft im Sinne des § 138 Absatz 3, auf die er alleine oder zusammen mit nahestehenden Personen im Sinne des § 1 Absatz 2 des Außensteuergesetzes unmittelbar oder mittelbar einen beherrschenden oder bestimmenden Einfluss ausüben kann, zur Verschleierung steuerlich erheblicher Tatsachen nutzt und auf diese Weise fortgesetzt Steuern verkürzt oder nicht gerechtfertigte Steuervorteile erlangt.

Welche Brisanz einem am Ende untauglichen Versuch, teilweise unbekannte Phänomene steuergesetzlich zu erschließen und deren „Missbrauch" einzudämmen, innewohnen kann, zeigt ein Beispiel aus der jüngeren Vergangenheit:

Im Fall des früheren § 2b EStG sollte sog. **Verlustzuweisungsgesellschaften** der Garaus gemacht werden. Bei Einführung der Vorschrift im Jahre 1999 unter dem damaligen Kurzzeit-Finanzminister Oskar Lafontaine waren im Gesetz derart **viele unbestimmte Rechtsbegriffe** enthalten, dass die Finanzverwaltung nicht in der Lage war, die Auslegungsprobleme dieser neuen Vorschrift auch nur annähernd in den Griff zu bekommen.

Mit anderen Worten: In der Finanzverwaltung gab es niemanden, der diese Vorschrift mit hinreichender Sicherheit auslegen konnte.

Das absehbare Ende dieser Vorschrift ist dann schnell zusammengefasst: Nachdem ein Jahr später[5] endlich das lange erwartete erste BMF-Schreiben zur Auslegung der Vorschrift vorlag[6] , stellte man kurze Zeit danach fest, dass ein weiteres BMF-Schreiben[7] erforderlich sein würde, um die noch immer verbleibenden zahlreichen Fragen auch nur annähernd zu beantworten.

Die Finanzverwaltung konnte also noch immer nicht verbindlich mitteilen, wie die Vorschrift konkret auszulegen war, verlangte aber die unbedingte Einhaltung der Regelung durch die Steuerpflichtigen.

Schon das war ein unzulässiger Zirkelschluss.

Die Meldung, wonach der Bundesfinanzhof in einer Entscheidung im Jahre 2016[8] dann völlig entgegengesetzt und insoweit auch recht überraschend feststellte, dass er diese Vorschrift dennoch für verfassungsgemäß – weil ausreichend bestimmt und im Ergebnis somit für zumindest teilweise anwendbar – hielt, ging dann eher unter.

---

[5] BMF-Schreiben vom 05.07.2000, IV A 5 - S 2118 b - 111/00

[6] Vgl. hierzu ausführlich Roland Ronig, Anwendungsschreiben zu § 2b EStG, DB 2000, S. 1480 ff.

[7] BMF-Schreiben vom 22.08.2001, IV A 5 -S 2118b- 40/01, BStBl. 2001 I S. 588 Rz. 14.

[8] BFH, Urteil vom 22.9.2016– IV R 2/13

Dieser Eiertanz wäre für sich genommen nicht derart gravierend gewesen, wenn man nicht zugleich hergegangen wäre, solche Personen steuerstrafrechtlich zu verfolgen und zu verurteilen, die angeblich gegen § 2b EStG verstoßen haben sollen.

Im Zweifel muss in solchen Fällen eine vorschnelle Verurteilung aber konsequent unterbleiben, da vom unbedarften durchschnittlichen Steuerpflichtigen nicht mehr Fachwissen verlangt werden kann und darf, als von dem durchschnittlichen Finanzbeamten oder den Richtern, die im Zweifel mit viel mehr Zusatzwissen an eine solche Frage herangehen, als der mit einem neuen Gesetzestatbestand konfrontierte Steuerpflichtige.

Die Lehre daraus lautet:

Man kann sich eben nicht darauf verlassen, dass die Finanzverwaltung und auch die Finanz- und Strafgerichte vom Steuerpflichtigen stets nur das Verständnis verlangen, was sie auch selbst darzustellen imstande sind.

Die Gefahr, die daraus erwächst basiert auf der Tatsache, dass die Finanzverwaltung – im Gegensatz zum Steuerpflichtigen – auch die größten eigenen Fehler in die Form eines Bescheides gießen kann. Auch die dann erst viel später entscheidenden Richter haben oft jahrelang Zeit sich in dem Zeitraum zwischen dem Eintreffen der Akten bis zum Abfassen einer Entscheidung intensivst mit der Materie auseinanderzusetzen und viele Aspekte im Detail abzuwägen, bevor sie zu dem oft überraschenden Ergebnis kommen:

„Das hätte der Steuerpflichtige doch wissen können!"

Folge des Ganzen ist, dass der Steuerpflichtige entweder gezwungen ist, dies zu akzeptieren und zu zahlen – sowie ggf. zusätzlich auch noch steuerstrafrechtlich belangt zu werden – oder ggf. den ganzen langen Rechtsweg bis zum Ende zu beschreiten (und trotzdem vorweg zahlen zu müssen, wenn keine Aussetzung der Vollziehung gewährt wird), um endlich „sein Recht" zu bekommen.

Kapitel 4: Lokalisierung des bestehenden Regelungsbedarfs

(Joerg Andres)

Wie also könnte ein detaillierter und umfassender Regelungsversuch in Bezug auf die wie Pilze aus dem Boden schießenden Kryptowährungen aussehen?

Hier ist der Gesetzgeber nicht nur gefordert, erstmals auftretende Spezialsachverhalte eingehend zu prüfen und – soweit erforderlich – grundlegend zu regeln, sondern noch viel weitgehender auch erstmals festzustellen, um welchen Sachverhalt es sich konkret überhaupt handelt und in welchem Kontext dieser insgesamt zu anderen – vermeintlich ähnlichen – steht.

Dies fängt schon bei der Umsetzung neuer Begriffe aus dem Englischen an. Gleichgültig, ob von Blockchain, Bitcoin, Ethereum, Wallet, ICO oder anderen Begriffen die Rede ist.

Das Kernproblem liegt hier schon in der grundlegenden Regelung der Abgabenordnung: Die gültige Amtssprache ist Deutsch.

Werden also Belege bei einem Finanzamt eingereicht, sollten diese stets in deutscher Sprache vorgelegt werden.
Erfolgt die Vorlage in einer anderen Sprache, also z.B. in Englisch, kann dies in einzelnen Fällen von einem sprachkundigen Sachbearbeiter so akzeptiert werden.
Je häufiger solche Belege bei dem betreffenden Sachbearbeiter in dieser Form eintreffen, desto größer ist die Wahrscheinlichkeit, dass er diese ggf. auch in englischer Sprache akzeptiert.
Handelt es sich dagegen um im Wesentlichen neue oder nahezu unbekannte Beleginhalte, sollte man eher davon ausgehen, dass die Belegvorlage dann nicht auf Englisch akzeptiert werden wird.

Expertenwissen: Wortlaut des § 87 AO **Amtssprache**

§ 87 AO *Amtssprache*

(1) Die Amtssprache ist deutsch.

(2) Werden bei einer Finanzbehörde in einer fremden Sprache Anträge gestellt oder Eingaben, Belege, Urkunden oder sonstige Dokumente vorgelegt, kann die Finanzbehörde verlangen, dass unverzüglich eine Übersetzung vorgelegt wird. In begründeten Fällen kann die Vorlage einer beglaubigten oder von einem öffentlich bestellten oder beeidigten Dolmetscher oder Übersetzer angefertigten Übersetzung verlangt werden. Wird die verlangte Übersetzung nicht unverzüglich vorgelegt, so kann die Finanzbehörde auf Kosten des Beteiligten selbst eine Übersetzung beschaffen. Hat die Finanzbehörde Dolmetscher oder Übersetzer herangezogen, erhalten diese eine Vergütung in entsprechender Anwendung des Justizvergütungs- und -entschädigungsgesetzes.

(3) Soll durch eine Anzeige, einen Antrag oder die Abgabe einer Willenserklärung eine Frist in Lauf gesetzt werden, innerhalb deren die Finanzbehörde in einer bestimmten Weise tätig werden muss, und gehen diese in einer fremden Sprache ein, so beginnt der Lauf der Frist erst mit dem Zeitpunkt, in dem der Finanzbehörde eine Übersetzung vorliegt.

(4) Soll durch eine Anzeige, einen Antrag oder eine Willenserklärung, die in fremder Sprache eingehen, zugunsten eines Beteiligten eine Frist gegenüber der Finanzbehörde gewahrt, ein öffentlich-rechtlicher Anspruch geltend gemacht oder eine Leistung begehrt werden, so gelten die Anzeige, der Antrag oder die Willenserklärung als zum Zeitpunkt des Eingangs bei der Finanzbehörde abgegeben, wenn auf Verlangen der Finanzbehörde innerhalb einer von dieser zu setzenden angemessenen Frist eine Übersetzung vorgelegt wird. Andernfalls ist der Zeitpunkt des Eingangs der Übersetzung maßgebend, soweit sich nicht aus zwischenstaatlichen Vereinbarungen etwas anderes ergibt. Auf diese Rechtsfolge ist bei der Fristsetzung hinzuweisen.

Wenn man also verschiedene Transaktionen auf einer Online-Börse dokumentieren möchte, könnte es demnach mit Blick auf § 87 Abs. 2 AO erforderlich sein, einen nur in englischer Sprache existierenden Beleg ins Deutsche zu übersetzen oder übersetzen zu lassen.

Man könnte davon ausgehen, dass eine Übersetzung eines öffentlich bestellten oder beeidigten Dolmetschers alle Eventualitäten einer Übersetzung abdeckt. In der Praxis zeigt sich jedoch häufig, dass Übersetzungen mit einem juristischen – oder schlimmer noch: mit einem steuerlichen – Einschlag ein großes Defizit aufweisen: Der Dolmetscher, der den Sachverhalt nicht kennt oder versteht, der dem zu übersetzenden Text zugrunde liegt, versteht nicht wirklich, was er übersetzen soll und übersetzt ggf. nur das, was er zu verstehen glaubt. Dies muss aber nicht immer dem entsprechen, was hätte übersetzt werden sollen.

Schließlich verschafft auch eine Vereidigung eines Dolmetschers oder Übersetzers diesem nicht zwangsläufig die erforderliche fachliche Kompetenz, um die ihm vorgelegten Worte der fremden Sprache – selbst wenn sie ihm dem Grunde nach geläufig sind – im juristisch/steuerlichen Kontext korrekt und dem Anlass angemessen zu übersetzen. Die Praxis lehrt, dass weniger als 10 % der vereidigten Übersetzer über eine differenzierte juristische oder gar steuerliche Zusatzausbildung verfügen.

Dieses Risiko wird natürlich noch erheblich größer, wenn dem Dolmetscher auch thematisch eine konkrete Vorstellung davon fehlt, was er da genau übersetzen soll, weil er z.B. mit Kryptowährungen und deren Handel noch nie etwas zu tun hatte.

Die Aufgabenstellung des Gesetzgebers, der erst die Grundlagen für eine Besteuerung schaffen muss, ist bei einer Regelung dieses völlig neuen Bereichs demnach deutlich komplexer als im Fall des oben genannten § 2b EStG, der eine vergleichsweise einfache Materie zu beackern hatte.

Fraglich ist,

- in welchen Steuerbereichen bereits anwendbare Vorschriften existieren, gegen die auch nur potentiell bereits verstoßen werden kann und

- an welchen Stellen ggf. noch neue Vorschriften erforderlich sind, die erst dann beachtet werden können, wenn sie geschaffen worden sind und existieren.

Wenn hier teilweise von „Steuertricks" die Rede ist, die die Steuerpflichtigen angeblich anwenden können, ist erhöhte Vorsicht geboten. Entweder wird bei solchen Tricksereien ein bestehender Steuertatbestand übersehen oder der Gesetzgeber ist an erforderlicher Stelle noch nicht tätig geworden. Im letzteren Fall liegt aber kein „Steuertrick" vor, sondern schlicht und ergreifend eine Lücke im Steuergesetz.

Insoweit ist der Gesetzgeber also selbst aufgerufen zu prüfen, wo er neue Vorschriften buchstäblich „minen" (generieren) muss und an welchen Stellen er seine Hausaufgaben bereits gemacht hat, also die Befolgung der Steuervorschriften von den Steuerpflichtigen verlangen kann.

Bei Verstoß gegen geltende Steuernormen muss jeder Steuerpflichtige aber auch mit einer steuerstrafrechtlichen Verfolgung rechnen. Durch die zunehmende Aufrüstung der Finanzämter im EDV-Bereich wie z.B. bei der digitalen Betriebsprüfung ist hier schon jetzt größte Vorsicht geboten.

Vor diesem Hintergrund hat erst der mittlerweile regelmäßige Ankauf von Steuer-CDs und auch die teilweise minutiöse Berichterstattung über spektakuläre Fälle von Steuerhinterziehung (u.a. Zumwinkel, Hoeneß, Schwarzer) dazu geführt, dass das Thema „Steuerhinterziehung" auf dem Schirm der Wahrnehmung vieler Steuerpflichtiger deutlich nach oben gerückt ist. Spätestens als die Verteidigung des Uli Hoeneß ein Konvolut von rund 70.000 Seiten im Strafprozess nachreichte, die dem Vernehmen nach bis zu 500 Kaufvorgänge täglich dokumentierten, und der Angeklagte daraufhin – oder trotzdem – zu einer mehrjährigen Haftstrafe verurteilt wurde, dürfte so manchem potentiellen Steuerhinterzieher klar geworden sein, dass die Vollständigkeit einer Selbstanzeige unabdingbare Voraussetzung für die Wirksamkeit derselben und die dadurch erhoffte Straffreiheit ist.

Übertragen auf die Situation eines im Internet mit Kryptowährungen spekulierenden Steuerpflichtigen lässt sich bereits daraus ablesen, dass eine – wie weit auch immer reichende – Steuerpflicht wohl auch eine ziemliche Menge an Dokumentationspflichten nach sich ziehen könnte.

Ganz verkehrt ist diese Schlussfolgerung sicher nicht.

Andererseits eröffnet eine saubere Dokumentation im Internet vorgenommener Transaktionen jedoch auch eine ganze Reihe von Möglichkeiten, um die außerordentlich großen Chancen, die sich durch die Spekulation mit Kryptowährungen bieten, auch steuerlich hinreichend sicher zu nutzen. Vieles wird davon abhängen, ob, wann und inwieweit es dem jeweils zuständigen Gesetzgeber gelingen wird, das Dickicht des rasend schnell wachsenden Kryptowährungsdschungels durch entschlossenes Schlagen von deutlichen Regulierungsschneisen beherrschbar zu machen.

Selbst wenn der bundesdeutsche Gesetzgeber aber sofort und umfassend tätig werden würde – was mit ziemlicher Sicherheit aufgrund der Komplexität der Materie nicht passieren wird – bleibt die spannende Frage, in welchem Umfang die Rechtsprechung der Finanzgerichte innerhalb Deutschlands und insbesondere auch des Europäischen Gerichtshofs („EuGH") auf europäischer Gemeinschaftsebene Einfluss auf die Regulierung dieses neuen Marktes nehmen wird.

So weit sind wir aber noch lange nicht.

Wir setzen zunächst einmal am vermeintlichen steuerlichen Status Quo Anfang 2018 mit Blick auf den Regelungsbereich der Bundesrepublik Deutschland an.

Kapitel 5:
Auslöser und Entwicklung des Bitcoin

(Michael Huss)

Wo liegen die Ursprünge des Bitcoin und der übrigen Kryptowährungen?

Wie konnte sich eine erste Kryptowährung entwickeln, die binnen kürzester Zeit unvorstellbare Wertzuwächse und –verluste durchgemacht hat?

1. Historischer Ursprung des Bitcoin

Hätte man im Jahre 2009 für 1.000 $ Bitcoins gekauft, wären diese zum Jahreswechsel 2017/2018 nahezu 20.000.000 $ wert gewesen.

Noch am 20.06.2011 fiel der Bitcoin-Kurs von 17 $ auf nur noch rund 1 $, bevor er dann wieder auf 14 $ stieg.

Bis zu einem vorübergehenden Wert von mehr als US 20.000 $ war es dann noch ein weiter Weg.

In der zweiten Jahreshälfte 2008 passierte Schlag auf Schlag u.a. Folgendes:

14. September: Während die Pleite der US-Investmentbank Lehman Brothers bekannt wird, schafft es Merrill Lynch gerade noch unter das rettende Dach der Bank of America.

29. September: In Deutschland sichern eine Gruppe deutscher Banken und der Bund vorübergehend das Überleben der Hypo Real Estate („HRE"), deren Aktien um dramatische 74 Prozent auf dann nur noch 3,52 € sinken.

4./5. Oktober: Der deutsche Staat übernimmt die Garantie für private Einlagen. Das Rettungspaket für die HRE scheitert.

8. Oktober: In einer konzertierten Aktion senken die Notenbanken die Zinsen.

11. Oktober: Durch ein gemeinsam von Deutschland und Frankreich initiiertes Rettungspaket für die Finanzbranche gelingt es, einen historisch hohen Anstieg des Dax am darauffolgenden Montag um 11,4 Prozent zu erzeugen.

14. Oktober: Matthias Wissmann, der Präsident des Verbandes der Automobilindustrie (VDA), schlägt als erster die Einführung von „Umweltprämien" (zur Verschrottung) als Investitionsanreiz vor.

4. November: Barack Obama wird als neuer US-Präsident gewählt.

4. Dezember: Überraschend senkt die EZB den Leitzins um 75 Basispunkte auf 2,50 Prozent. Dies stellte den größten Zinsschritt der Notenbank seit ihrer Gründung 1998 dar.

Im Jahr 2009 ging es dann munter weiter:

14. Januar: Das Bundeskabinett beschließt die Einführung der Abwrackprämie.

20. Januar: Barack Obama wird als 44. Präsident der USA vereidigt.

Der sich damals in seinen Anfängen abzeichnende Crash des weltumspannenden Bankensystems führte bei vielen Anlegern zu einem massiven Vertrauensverlust in das gesamte Finanzsystem, zeigte er doch das hohe Maß an Abhängigkeit von einem undurchsichtigen und von Machtspielen geprägten Gebilde institutionalisierter Macht.

- Kann man der staatlichen Kontrolle des Geldsystems und der Währungen noch trauen?
- Was ist mit meinem Geld, wenn die nächste Krise nicht mehr aufgefangen werden kann?
- Welche Alternativen zu dem etablierten System gibt es konkret, um Missbräuche zu verhindern?
- Wie können Geldtransaktionen vollständig transparent und nachprüfbar gemacht werden?

Da es auf diese Fragen keine zufriedenstellenden Antworten gab, erfolgte gleich zu Beginn des Jahres 2009 eine Reaktion auf den Beinahe-Zusammenbruch des Bankensystems, der damals nur von wenigen überhaupt wahrgenommen wurde:

Unter dem Synonym Satoshi Nakamoto wurde im Internet ein Dokument veröffentlicht, bei dem bis heute wild spekuliert wird, wer wohl tatsächlich dahinter gesteckt haben mag. Wesentlich wichtiger ist, was damals konkret veröffentlich wurde und was es in der Folge ausgelöst hat.

Hier der Anfang des Inhalts des pdf-Dokuments[9]:

Bitcoin: A Peer-to-Peer Electronic Cash System

Satoshi Nakamoto
satoshin@gmx.com
www.bitcoin.org

Abstract. A purely peer-to-peer version of electronic cash would allow online payments to be sent directly from one party to another without going through a financial institution. Digital signatures provide part of the solution, but the main benefits are lost if a trusted third party is still required to prevent double-spending. We propose a solution to the double-spending problem using a peer-to-peer network. The network timestamps transactions by hashing them into an ongoing chain of hash-based proof-of-work, forming a record that cannot be changed without redoing the proof-of-work. The longest chain not only serves as proof of the sequence of events witnessed, but proof that it came from the largest pool of CPU power. As long as a majority of CPU power is controlled by nodes that are not cooperating to attack the network, they'll generate the longest chain and outpace attackers. The network itself requires minimal structure. Messages are broadcast on a best effort basis, and nodes can leave and rejoin the network at will, accepting the longest proof-of-work chain as proof of what happened while they were gone.

1. Introduction

Commerce on the Internet has come to rely almost exclusively on financial institutions serving as trusted third parties to process electronic payments. While the system works well enough for most transactions, it still suffers from the inherent weaknesses of the trust based model. Completely non-reversible transactions are not really possible, since financial institutions cannot avoid mediating disputes. The cost of mediation increases transaction costs, limiting the minimum practical transaction size and cutting off the possibility for small casual transactions, and there is a broader cost in the loss of ability to make non-reversible payments for non-reversible services. With the possibility of reversal, the need for trust spreads. Merchants must be wary of their customers, hassling them for more information than they would otherwise need.

Die Botschaft beinhaltete die Beschreibung eines völlig neu-artigen Zahlungssystems, das auf einer dezentralen Datenbank (Blockchain) beruht und weltweit rund um die Uhr (24/7) ohne

---

9   Vgl. www.bitcoin.org/bitcoin.pdf

Verursachung nennenswerter Kosten beim Bezahlvorgang funktionieren und zugleich als ein „Buchungsverzeichnis" fungieren solle.

2. Besonderheiten der Blockchain

Vereinfacht kann man sich diese Datenbank als eine konsequent täglich fortgeschriebene riesige Excel-Tabelle vorstellen, in der chronologisch alle „Buchungsvorgänge" minutiös aufgezeichnet werden. Jeder Rechner, der am „mining" – also am Dokumentieren von Buchungen – teilnimmt, verfügt über eine Kopie davon, die permanent verglichen und damit vor Missbrauch geschützt wird. Sogar von Fälschungssicherheit ist dabei die Rede. Würde einer versuchen, diese Art der „Weltgeschichte" umzuformulieren, müsste er es schaffen, diese auch auf allen anderen am Rechenvorgang beteiligten Rechnern umzuschreiben. Dies scheint faktisch ausgeschlossen.

Allenfalls könnte er versuchen, eine vermeintliche Kopie mit anderem Inhalt als die eigentliche Blockchain auszugeben. Wie sollte das gehen?

Getauscht wird in der Bitcoin-Blockchain kein physisch gedrucktes Geld, sondern ein „mathematisch erzeugtes" Produkt. Daher kann auch keine zentrale Institution oder Unternehmen Bitcoins erstellen. Ebenso wenig kann ein einzelner Staat oder ein Kreditinstitut in dem Wertschöpfungsprozess prüfend oder regulierend eingreifen. Andererseits kann theoretisch jeder Rechner, der am Rechenvorgang beteiligt ist und über ein vollständiges Abbild der Blockchain verfügt, Auskunft zur Zusammensetzung einzelner Buchungen geben.

Dies ist gewissermaßen das Gegenteil von Anonymität. Die Bitcoin-Blockchain hat vielmehr jeden Rechenvorgang für die Nachwelt vollständig dokumentiert. Übersetzt in die Welt der Steuern könnte man buchstäblich auch sagen:

Die Blockchain ist so etwas wie eine „riesige Steuer-CD", auf der alle Transaktionen – die entweder eine Steuerpflicht ausgelöst haben oder auch nicht – verzeichnet sind. Da diese Informationen grundsätzlich für jedermann verfügbar sind, sind sie auch für die Finanzverwaltung zugänglich und können dadurch auch ausgewertet und einer Besteuerung zugrunde gelegt werden.

Fraglich ist nur, wie (zeit-)aufwendig eine solche Auswertung ist, um alle gewünschten Informationen zu generieren und bis wann dies im Einzelnen erfolgen kann. Tatsache ist, dass die Nutzung der Blockchain durch das Internet nicht automatisch ein Schlupfloch für Straftäter darstellt, sondern – bei genauerem Hinsehen – eher zu einem gegenteiligen Effekt führen kann.

3. Auswirkungen und Besonderheiten des Bitcoin

Die bisher existierende Macht einzelner Staaten, Unternehmen oder Institutionen, Informationen über Geldtransfers zu lenken, zu filtern oder diese inhaltlich zu verändern, wird insoweit erstmals global durchbrochen. Eine Manipulation oder Geheimhaltung einzelner brisanter Vorgänge wird praktisch unmöglich gemacht.

Ein weiterer besonderer Faktor der Blockchain im Falle von Bitcoin ist die Limitierung der zu generierenden Coins.
Im Unterschied zu Gold, das weltweit noch immer geschürft werden kann, ist die Zahl der insgesamt zu erwartenden Bitcoins von vornherein auf nahezu 21 Millionen Stück begrenzt.

Bei anderen Kryptowährungen ist diese Zahl teilweise (deutlich) höher → hierzu mehr in **Kapitel 6: Übersicht über weitere Kryptowährungsaktivitäten.**
Zudem ist jeder Bitcoin auch in einem Bruchteil (also z.B. 0,0003 bitcoins) handelbar, wenn ein Käufer keinen ganzen Bitcoin erwerben oder ein Verkäufer nur weniger als einen Bitcoin veräußern möchte.
Ebenso kann ein Bitcoin oder Teile eines Bitcoins mit anderen Kryptowährungen oder Teilen davon getauscht werden, also z.B. von Bitcoin in Ethereum und von Ethereum in Ripple und natürlich auch wieder zurück.

Außerdem entstehen laufend neue Kryptowährungen u.a. durch sog. ICOs (Initial Coin Offerings) bei denen in der Regel durch Startups neue Coins (Tokens) im Tausch gegen zuvor schon bestehende Kryptowährungen zu unterschiedlichen Konditionen ausgegeben werden.

Beispiel[10]:
Ein junges Unternehmen teilt mit, dass es plane eine Spielhalle zu errichten. Zu diesem Zweck werden potenzielle Investoren aufgefordert entsprechende Mittel in Form von bestehenden Kryptowährungen gegen die Ausgabe neuer Tokens zur Verfügung zu stellen. Ihnen wird dabei zugesagt, mit den ausgegebenen Tokens nach Fertigstellung der Spielhalle an den dann dort stehenden Automaten spielen zu können.

Das Investment kann dann einen völlig unterschiedlichen Verlauf nehmen:

Im günstigsten Fall wird die Spielhalle wie vorgesehen gebaut und der jeweilige Investor kann seine Tokens wie vorgesehen dort einsetzen und damit zusätzliche Mittel erlösen.

Genauso kann es aber auch passieren, dass das Gebäude nur zur Hälfte oder fehlerhaft gebaut und die weiteren Arbeiten dann eingestellt werden, weil die Mittel ausgehen.

Vorstellbar ist jedoch auch, dass die Verantwortlichen des Startups die zur Verfügung gestellten Kryptowährungsbestände in FIAT-Währungen, d.h. z.B. in Euro oder Dollar, umtauschen und sich damit einfach aus dem Staube machen.

Phantasiebasierten Erfolgsaussichten stehen somit unlimitierte Risiken gegenüber.

---

[10] In Anlehnung an ein ICO-Beispiel des Dogecoin-Erfinders Jackson Palmer, der 2013 die Absurdität der Auswüchse von Kryptowährungen demonstrieren wollte und zu diesem Zweck den „Dogecoin" (benannt nach einem Hund) als satirische Antwort auf Bitcoin und andere Kryptowährungen lancierte. Zu seiner völligen Überraschung entwickelte sich die neue „Währung" sensationell gut. Palmer wurde über Nacht zur Krypto-Legende. Der Dogecoin ist im Januar 2018 erstmals auf eine Marktkapitalisierung von mehr als einer Milliarde Dollar angestiegen – übrigens lange, nachdem Palmer selbst ausgestiegen ist und nun sogar vor den Auswüchsen der Kryptowährungen eindringlich warnt.

Kapitel 6:
Übersicht über weitere
Kryptowährungsaktivitäten

(Michael Huss)

Nach der Erfindung des Bitcoin sind – aus unterschiedlichen Gründen – nach und nach weit mehr als mittlerweile 1.000 andere Kryptowährungen mit unterschiedlichen Einheitenlimits entstanden.

Expertenwissen: Limits unterschiedlicher Kryptowährungen

Kryptowährung	Einheitenlimit
Bitcoin	~21.000,000
Bitcoin Cash	~21.000,000
Namecoin	~21.000,000
Dash	22.000,000
Ethereum	Unbegrenzt
Ethereum Classic	Unbegrenzt
Litecoin	~84.000,000
Zcash	~21.000,000
Zcoin	~21.000,000

Wir verweisen für die Erklärung der grundlegendsten Begriffe von Kryptowährungen an dieser Stelle exemplarisch auf das aus unserer Sicht sehr gelungene, weil leicht lesbare und zudem top aktuelle Buch von Dr. Julian Hosp[11] oder auf eines seiner zahlreichen Videos im Netz zu dem gleichen Thema. Hierdurch kann sich jeder Einzelne fit in Sachen Kryptowährungen machen.

---

[11] Julian Hosp, Kryptowährungen, 2017; www.julianhosp.de

Kapitel 7:
Einkommensteuer

(Joerg Andres)

Auszug aus einer Stellungnahme der Bundesregierung (Parlamentarischer Staatssekretär Dr. Michael Meister vom 29. Dezember 2017) zur ertragsteuerlichen Behandlung von Mining und Tausch von Kryptowährungen[12]:

> *„Handelt es sich beim Mining von Kryptowährungen um eine gelegentliche Tätigkeit, kann es sich um Einkünfte aus sonstigen Leistungen im Sinne des § 22 Nummer 3 Einkommensteuergesetz (EStG) handeln.*
>
> *Diese sind erst ab einer Höhe von 256 Euro im Kalenderjahr einkommensteuerpflichtig.*
>
> *Der Tausch oder Rücktausch von Kryptowährung in Euro oder eine andere Kryptowährung innerhalb eines Jahres nach der Anschaffung führt zu einem privaten Veräußerungsgeschäft i. S. des § 23 Absatz 1 Satz 1 Nummer 2 EStG.*
>
> *Werden Kryptowährungen im Rahmen einer gewerblichen Tätigkeit mit Gewinnerzielungsabsicht angeschafft oder hergestellt, sind Gewinne aus der Veräußerung oder dem Tausch der Kryptowährung im Rahmen der Einkünfte aus Gewerbebetrieb zu erfassen. Die Kosten für das Mining der Kryptowährungen sind als Betriebsausgaben abzugsfähig."*

Um diese Stellungnahme besser einordnen zu können, bedarf es einiger zusätzlicher Erläuterungen zu den aktuellen Strukturen der Einkommensbesteuerung in Deutschland.

1. Systematik des Einkommensteuergesetzes

Der Einkommensteuer unterfallen nur Einkünfte der natürlichen Personen – also der Menschen – im Unterschied zu Einkünften der juristischen Personen (z.B. GmbH oder AG). Für juristische Personen findet das Körperschaftsteuergesetz Anwendung, das als „Einkommensteuer der juristischen Personen" gilt.

→ vgl. hierzu das **Kapitel 8: Körperschaftsteuer**

---

[12] Bundestags-Drucksache 19/370 vom 05.01.2018, Seite 21 f.

Soweit sich natürliche Personen zu sog. Personengesellschaften (z.B. GbR, OHG oder KG) zusammenschließen, werden diese Personengesellschaften nicht zum Subjekt der Einkommensteuer, da diese weder körperschaftsteuer-, noch unmittelbar einkommensteuerpflichtig sind. Besteuert werden hier insoweit die einzelnen Gesellschafter, denen die Einkünfte aus der Gesellschaft im Wege einer sog. gesonderten und einheitlichen Feststellung zugewiesen werden.

Expertenwissen: Unbeschränkte Einkommensteuerpflicht

Wortlaut § 1 Abs. 1 EStG:

„Natürliche Personen, die im Inland einen Wohnsitz oder ihren gewöhnlichen Aufenthalt haben, sind unbeschränkt einkommensteuerpflichtig."

Auf Personen, die in Deutschland ansässig sind, findet somit das sog. Welteinkommensprinzip Anwendung.

Mit anderen Worten: Es gilt für alle Einkünfte des Einzelnen und zwar unabhängig davon, ob diese aus dem Inland oder dem Ausland herrühren.

---

2. Grundsätzliches zu Einkünften aus Geschäften mit Bitcoins

Soweit die Regelungen des Einkommensteuergesetzes also auf den einzelnen Steuerpflichtigen anwendbar sind, können Einkünfte aus Geschäften im Zusammenhang mit Bitcoins somit generell dem Einkommensteuergesetz unterfallen[13].

Bitcoins gelten ertragsteuerlich in Deutschland nicht als gesetzliches Zahlungsmittel, sondern als immaterielle Wirtschaftsgüter, da eine Zulassung als gesetzliches Zahlungsmittel (noch) nicht stattgefunden hat[14].

---

[13] Vgl. hierzu Klaus Himmer, Besteuerung von digitalen Assets wie Kryptowährungen und Tokens, https://medium.com/@fsblockchain/besteuerung-von-digitalen-assets-wie-kryptowährungen-und-tokens-c050a06b3e6b

[14] Vgl. hierzu Anka Hagert, Benjamin Kirschbaum, Bitcoin und Steuer, https://www.winheller.com/bankrecht-finanzrecht/bitcointrading/bitcoinundsteuer.html

Ob und inwieweit das generell auch für andere Kryptowährungen gilt oder ob einzelne Coins, Tokens oder sonstige vergleichbare Wirtschaftsgüter davon ausgenommen sind, ist derzeit noch nicht abschließend geklärt.

Expertenwissen: Private Veräußerungsgeschäfte

§ 23 Einkommensteuergesetz

(1) [1]Private Veräußerungsgeschäfte (§ 22 Nummer 2) sind

1. (...);

2. Veräußerungsgeschäfte bei anderen Wirtschaftsgütern, bei denen der Zeitraum zwischen Anschaffung und Veräußerung nicht mehr als ein Jahr beträgt. [2]Ausgenommen sind Veräußerungen von Gegenständen des täglichen Gebrauchs. [3]Bei Anschaffung und Veräußerung mehrerer gleichartiger Fremdwährungsbeträge ist zu unterstellen, dass die zuerst angeschafften Beträge zuerst veräußert wurden. [4]Bei Wirtschaftsgütern im Sinne von Satz 1, aus deren Nutzung als Einkunftsquelle zumindest in einem Kalenderjahr Einkünfte erzielt werden, erhöht sich der Zeitraum auf zehn Jahre;

3. (...)

Der Wortlaut der oben genannten Verlautbarung des BMF spricht jedoch dafür, dass bis auf Weiteres alle Kryptowährungen davon erfasst werden und die Finanzverwaltung dies entsprechend behandeln wird, solange keine anderslautenden Maßnahmen von Seiten des Gesetzgebers ergriffen werden.

In der folgenden Beurteilung gehen wir von der Beurteilung von Bitcoins aus, soweit nicht ausdrücklich auf etwas anderes Bezug genommen wird.

Die derzeitige Struktur des Einkommensteuergesetzes sieht vor, dass bei Veräußerung von Wirtschaftsgütern eine Versteuerung stattzufinden hat. Diese hat nach derzeitiger Sachlage als privates Veräußerungsgeschäft nach § 23 Abs. 1 Nr. 2 EStG zu erfolgen.

Aktuell geht die Finanzverwaltung in Deutschland davon aus, dass es sich bei Bitcoins jedenfalls um Wirtschaftsgüter im Sinne des § 23 Abs. 1 Nr. 2 EStG handelt[15] .

Die Versteuerung erfolgt in diesem Fall also anhand des persönlichen individuellen Steuersatzes des jeweiligen Steuerpflichtigen.

Alternativ dazu könnte **zukünftig** (d.h. nach entsprechender Änderung des Einkommensteuergesetzes) prinzipiell auch die 25prozentige Pauschalsteuer (Abgeltungsteuer nach § 32d Abs. 1 EStG) in Betracht kommen.

Diese ist jedoch nach derzeitiger Rechtslage nicht anzuwenden, da bei Verkaufserlösen aus der Veräußerung von Bitcoin gerade **kein** Kapitalertrag vorliegt.

Expertenwissen: Abgeltungsteuer

§ 32d Abs. 1 EStG

Die Einkommensteuer für Einkünfte aus Kapitalvermögen, die nicht unter § 20 Absatz 8 fallen, beträgt 25 Prozent.

§ 20 Abs. 8 EStG

(...)

(8) [1]Soweit Einkünfte der in den Absätzen 1, 2 und 3 bezeichneten Art zu den Einkünften aus Land- und Forstwirtschaft, aus Gewerbebetrieb, aus selbständiger Arbeit oder aus Vermietung und Verpachtung gehören, sind sie diesen Einkünften zuzurechnen. [2]Absatz 4a findet insoweit keine Anwendung.

Die Finanzverwaltung kann eine solche Änderung der ertragsteuerlichen Beurteilung mangels eigener Gesetzgebungskompetenz nicht einfach per Erlass oder Verwaltungsanordnung regeln, wenngleich in Einzelfällen in der Vergangenheit bei anderen Steuerarten durchaus einmal so vorgegangen wurde. Die Unzulässigkeit eines solchen Vorgehens beruht darauf, dass die wesentlichen Entscheidungen darüber, was im Einzelnen besteuert

---

[15] Das private Veräußerungsgeschäft ist in § 23 Abs. 1 Nr. 2 EStG geregelt. Der unentgeltliche Erwerb erfolgt nach § 23 Abs. 1 Satz 3 EStG. Die Fristenberechnung wird nach § 23 Abs. 1 Nr. 2 Satz 1 und Satz 4 EStG vorgenommen.

werden darf und soll, prinzipiell der Gesetzgeber treffen muss, um zu verhindern, dass die Exekutive sich als faktischer Gesetzgeber aufspielen kann. Nur dann, wenn die Gewaltenteilung, die das Grundgesetz vorsieht, auch eingehalten wird, kann das rechtsstaatliche Zusammenspiel dieser Gewalten auch funktionieren.

Sofern hier also Verstöße auftreten sollten, wären diese durch die Gerichte wieder zu korrigieren.

3. Voraussetzungen für die Annahme eines privaten Veräußerungsgeschäfts

Als Grundvoraussetzung für das Vorliegen eines privaten Veräußerungsgeschäfts gilt zuallererst einmal die Anschaffung der Bitcoins (vgl. § 23 Abs. 1 Nr. 2 S. 1 EStG). Fehlt es an einer Anschaffung, wäre somit bereits das private Veräußerungsgeschäft zu verneinen.

Was also versteht der deutsche Gesetzgeber unter „Anschaffung"?

Die Anschaffung beschreibt das Rechtsgeschäft, mit dessen Hilfe der Erwerb des Wirtschaftsguts jeweils herbeigeführt wird.

a) Entgeltlicher Erwerb

In der Regel erfolgt ein solcher gegen Entgelt, d.h. entweder gegen Bezahlung mit einem gesetzlichen Zahlungsmittel oder – wie in Bitcoinbörsen üblich – durch Tausch gegen andere Kryptowährungen.Oft wird beim Tausch die Entgeltlichkeit von Betroffenen nicht erkannt, weil keine Bezahlung im engeren Sinne erfolge.

Diese oberflächliche Betrachtung trifft jedoch nicht zu. Beim Tausch muss der Eintauschende ein Wirtschaftsgut, das kein Zahlungsmittel ist, hergeben, um im Gegenzug den gewünschten Tauschgegenstand zu bekommen. Insoweit kürzt der Tausch ein gewöhnliches entgeltliches Geschäft lediglich ab, weil der Eintauschende sein Tauschobjekt nicht erst „zu Geld machen" muss, sondern dieses direkt gegen den gewünschten Gegenstand eintauschen kann.

b) Unentgeltlicher Erwerb

Zusätzlich ist auch der unentgeltliche Erwerb zur Annahme einer „Anschaffung" denkbar.

Hierbei ist zu unterscheiden, ob der Erwerb von dem Begünstigten zu Lebzeiten des bisherigen Bitcoin-Eigentümers durch Schenkung oder – erst bei Versterben des bisherigen Eigentümers – im Wege der Erbschaft erfolgt.

c) Zur Schenkung von Bitcoins als Anschaffungsvorgang

Die Schenkung ist entgegen landläufiger Ansicht kein einseitiges Rechtsgeschäft[16] .

Daher kann niemandem eine Schenkung gegen dessen Willen aufgedrängt werden. Wäre es anders, könnte man sich unliebsamer Gegenstände (etwa einem kontaminierten Grundstück oder einem nicht mehr fahrtüchtigen Pkw) durch Schenkung an einen anderen, der damit nicht einverstanden ist, auf Dauer entledigen und diesen damit belasten.

Allerdings bedarf die Schenkung, um als wirksam anerkannt zu werden, der Einhaltung gewisser Formalitäten, die das Bürgerliche Gesetzbuch (BGB) verlangt, um hier dauerhaft für Klarheit zu sorgen. Vereinfacht ausgedrückt muss eine Schenkung entweder vor dem Notar durch Beurkundung herbeigeführt werden oder die an dem Vorgang Beteiligten (Schenker und Beschenkter) müssen sich einig sein und die Schenkung durch sofortige Handlung (Übergabe/Übertragung des Eigentums an der Sache) besiegeln. Dadurch soll vermieden werden, dass unausgegorene, also nicht vollständig durchgeführte, Schenkungen für Verwirrung im Rechtsverkehr sorgen.

---

[16] Vgl. Andres, Heute schon geschenkt?, E-Book, 2017, Download unter neobooks, https://www.neobooks.com/ebooks/prof-dr-joerg-andres-heute-schon-geschenkt--ebook-neobooks-AVug5DlTEmIqAD-8jNUEw

Expertenwissen: Zur Wirksamkeit einer Schenkung §§ 516, 518 BGB

Bei der Schenkung handelt es sich nach den Regelungen des Bürgerlichen Gesetzbuchs um einen mehrseitigen Vertrag (zweiseitiges Rechtsgeschäft), bei dem alle beteiligten Vertragspartner ihr Einverständnis mit dem Abschluss der Schenkung zum Ausdruck bringen müssen.

Vgl. Palandt/Weidenkaff § 516 Rn. 1

§ 516 BGB

(1) Eine Zuwendung, durch die jemand aus seinem Vermögen einen anderen bereichert, ist Schenkung, wenn beide Teile darüber einig sind, dass die Zuwendung unentgeltlich erfolgt.

(2) Ist die Zuwendung ohne den Willen des anderen erfolgt, so kann ihn der Zuwendende unter Bestimmung einer angemessenen Frist zur Erklärung über die Annahme auffordern. Nach dem Ablauf der Frist gilt die Schenkung als angenommen, wenn nicht der andere sie vorher abgelehnt hat. Im Falle der Ablehnung kann die Herausgabe des Zugewendeten nach den Vorschriften über die Herausgabe einer ungerechtfertigten Bereicherung gefordert werden.

Dabei muss die Schenkung grundsätzlich notariell erfolgen, es sei denn der Schenkungsakt ist einvernehmlich ausgeführt worden. Beispiel: A schenkt B einen 10-Euro-Schein. B nimmt den Schein an und steckt ihn in Kenntnis der Schenkung in sein Portemonnaie. Hierdurch wird die Schenkung „bewirkt", ohne zuvor beurkundet worden zu sein. Die Schenkung ist dann wirksam.

§ 518 BGB

(1) Zur Gültigkeit eines Vertrags, durch den eine Leistung schenkweise versprochen wird, ist die notarielle Beurkundung des Versprechens erforderlich. Das Gleiche gilt, wenn ein Schuldversprechen oder ein Schuldanerkenntnis der in den §§ 780, 781 bezeichneten Art schenkweise erteilt wird, von dem Versprechen oder der Anerkennungserklärung.

(2) Der Mangel der Form wird durch die Bewirkung der versprochenen Leistung geheilt.

Liegt also eine wirksame Schenkung vor, kann diese eine Schenkungsteuerpflicht auslösen, die weitere Erklärungs- und Zahlungspflichten für die an der Schenkung Beteiligten mit sich bringen kann.

Hierzu Näheres im **Kapitel 11: Schenkung und Schenkung-steuer**

d) Zum Ererben von Bitcoins als alternativer Anschaffungsvorgang

Erfolgt die unentgeltliche Übertragung von Bitcoins in der Form, dass der bisherige Eigentümer diese z.B. durch Testament auf einen Erben überträgt, erfolgt der Anschaffungsvorgang exakt im Zeitpunkt des Todes des Verstorbenen.In dieser „juristischen" Sekunde tritt der Erbe in Bezug auf die Bitcoins an die Stelle des Erblassers – und zwar unabhängig davon, ob er dies zur Kenntnis nehmen konnte oder nicht.

> Expertenwissen: Gesamtrechtsnachfolge (Fußstapfentheorie)
>
> *Wortlaut des § 1922 BGB:*
>
> *(1) Mit dem Tode einer Person (Erbfall) geht deren Vermögen (Erbschaft) als Ganzes auf eine oder mehrere andere Personen (Erben) über.*
>
> *(2) Auf den Anteil eines Miterben (Erbteil) finden die sich auf die Erbschaft beziehenden Vorschriften Anwendung.*
>
> *Im Gegensatz zur Schenkung geht im Erbfall das Vermögen des Verstorbenen (Erblassers) rechtlich zwingend und ungeteilt als Ganzes auf den oder die Erben über. Der Erbe tritt sozusagen in die Fußstapfen des Erblassers und übernimmt alle seine Vermögenswerte und Verbindlichkeiten (Fußstapfentheorie). Dies geschieht kraft Gesetzes durch einheitlichen Rechtsakt bezogen auf das gesamte Vermögen.*
>
> *Vgl. Palandt/Weidlich § 1922 Rn. 10*

Schlägt der Erbe dann innerhalb der geltenden Sechs-Wochen-Frist die Erbschaft aus, wird der zuvor nur vorläufig erfolgte Anschaffungsvorgang nachträglich wieder so behandelt, als habe er nie stattgefunden.Nachträglich tritt dann der jeweilige Ersatzerbe rückwirkend an die Stelle des bisher als Erbe Angesehenen.

Näheres hierzu im **Kapitel 12: Erbschaft und Erbschaftsteuer**

Unabhängig davon, ob der Einzelrechtsnachfolger (Beschenkter oder Erbe) in die Rechtsstellung des Rechtsvorgängers (Schenker oder Erblasser) durch Schenkung oder Erbschaft eintritt, wird dem Rechtsnachfolger nach § 23 Abs. 1 Satz 3 EStG die Überführung der Bitcoins in das eigene Vermögen so zugerechnet, als hätte er diese bereits zu dem Zeitpunkt erworben, als sein Rechtsvorgänger dies getan hat.

Expertenwissen: Zurechnung der Anschaffung

§ 23 Abs. 1 Satz 3 Einkommensteuergesetz

3Bei unentgeltlichem Erwerb ist dem Einzelrechtsnachfolger für Zwecke dieser Vorschrift die Anschaffung oder die Überführung des Wirtschaftsguts in das Privatvermögen durch den Rechtsvorgänger zuzurechnen.

Dies bedeutet im Falle einer Erbschaft nach derzeitiger Rechtslage anders ausgedrückt Folgendes: Das Datum, an dem der Erblasser (also der Rechtsvorgänger) die Bitcoins erworben hat, ist maßgebend für die einkommensteuerliche Beurteilung der Anschaffung der Bitcoins durch den Erben. Wenn dieser also später die Bitcoins verkauft, berechnet sich die Haltedauer beginnend vom Zeitpunkt des Erwerbs durch den Erblasser (also den Rechtsvorgänger) bis zum Zeitpunkt des Verkaufs durch den Erben (also den Rechtsnachfolger) und nicht erst ab dem Zeitpunkt zu dem der Erbe selbst geerbt hat.

Gleiches gilt entsprechend für den Erwerb von Bitcoins durch Schenkung und die anschließende Veräußerung des Bitcoins durch den Beschenkten.

Hierzu mehr im **Kapitel 11: Schenkung und Schenkungsteuer**

Beispiel:
Erblasser E hat einen Bitcoin am 02.01.2017 zum Preis von 650 € erworben. Am 12.12.2017 ist E verstorben. Alleinerbe wird sein Sohn A, den E durch Testament zum Alleinerben eingesetzt hat. Wenn A (dessen Zugangsmöglichkeit zur Wallet des E unter-

stellt) den Bitcoin daraufhin bereits am 07.01.2018 zum Preis von 13.700 € veräußert, wird er so behandelt, als hätte er diesen bereits am 02.01.2017 selbst erworben, obwohl damals nicht er, sondern noch sein Vater E Eigentümer des Bitcoins geworden war.

4. Zur einkommensteuerlichen Behandlung von Veräußerungsvorgängen bei Bitcoin

Dem Wortlaut des § 23 Abs. 1 Nr. 2 EStG zufolge sind private Veräußerungsgeschäfte zu versteuern, wenn der Zeitraum zwischen Anschaffung und Veräußerung die Frist von einem Jahr nicht übersteigt.

Im Umkehrschluss bedeutet dies aber, dass in dem obigen Beispiel A durch den Verkauf des Bitcoins einen Gewinn von immerhin 13.050 € gemacht hat und diesen nicht als Einkommen versteuern muss, da die ihm zuzurechnende Haltedauer mehr als ein Jahr (= vom 02.01.2017 bis zum 07.01.2018) betragen hat.

Hinweis:
Über die Relevanz dieses Vorgangs für die Erbschaft- und Schenkungsteuer sagt diese rein einkommensteuerliche Beurteilung noch nichts aus.

Mit anderen Worten: Die steuerliche Relevanz eines Vorgangs in einer Steuerart (z.B. Einkommensteuer) schließt nicht aus, dass der gleiche Vorgang – oder Bestandteile davon – in einer anderen Steuerart (z.B. Schenkungsteuer) zusätzliche Auswirkungen verursacht, die zu einer weiteren Besteuerung in dieser anderen Steuerart führen können.

Hierzu mehr in den **Kapiteln 11: Schenkung und Schenkungsteuer** sowie **12: Erbschaft und Erbschaftsteuer**

Zusätzlich sollte Folgendes unbedingt beachtet werden:

Auch im einkommensteuerlichen Bereich sollte der Steuerpflichtige bedenken, dass seine Beurteilung der Haltedauer auch falsch sein kann.

Anders formuliert: Wenn er den Anschaffungszeitpunkt – aus welchen Gründen auch immer – in unserem Beispiel fälschlich zu früh annimmt und dadurch zu einer Beurteilung einer Haltedauer von über einem Jahr gelangt, muss er seine Berechnung dem Finanzamt im Rahmen seiner Einkommensteuererklärung dennoch offenlegen, auch wenn er – nach seiner Auffassung zu Recht – davon ausgeht, dass dieser Vorgang gerade **keine** Einkommensteuer ausgelöst hat.

Hintergrund ist Folgendes:
Jeder einzelne Vorgang muss im ersten Schritt anhand des Einkommensteuergesetzes ganz allgemein daraufhin überprüft werden, ob er diesem Gesetz unterfällt oder nicht.
Das ist regelmäßig der Fall, wenn er einer der dort genannten Steuerarten zuzurechnen ist.
Das ist bei Trades unstreitig der Fall, weil auf diese § 23 EStG anwendbar sind.
Unterfällt ein Trade somit den Regeln des Einkommensteuergesetzes, ist er zunächst einmal dem Grunde nach einkommensteuerbar, also grundsätzlich geeignet, mit Einkommensteuer belastet zu werden.

Daher sollte auch jeder durchgeführte Trade – auch der, den der Steuerpflichtige für nicht steuerpflichtig hält – dem Finanzamt offengelegt werden.

Würde das nicht geschehen, kann Folgendes passieren:Sollte das Finanzamt den Zufluss aus dem Verkauf des Bitcoins auf anderem Wege erfahren (z.B. durch eine Kontenabfrage bei der Bank des Steuerpflichtigen) und nach der Herkunft des Geldes fragen, müsste der Steuerpflichtige nachträglich diesen Zufluss aus einem Spekulationsgeschäft erstmals offenlegen. Stellt sich bei dieser Gelegenheit heraus, dass der Vorgang aufgrund der falschen Einschätzung doch steuerpflichtig war, kann das Finanzamt sofort ein Steuerstrafverfahren einleiten, was häufig auch erfolgen wird.
Selbst wenn die Prüfung ergeben sollte, dass keine Steuerpflicht anzunehmen ist, schürt ein solches Vorgehen Zweifel an

der Vollständigkeit und Korrektheit der Steuererklärung und kann dazu führen, dass das Finanzamt dann vorsorglich weitere Nachforschungen anstellt.Auch das kann die Einleitung eines Steuerstrafverfahrens auslösen.

Mehr dazu in den **Kapiteln 14: Steuererklärung und Dokumentationsfragen** sowie **16: Steuerstrafrechtliche Aspekte**

Abwandlung dieses Beispiels:
E hat den Bitcoin am 02.01.2017 für 9.000 € (= Tageskurs) erworben und A hat den Bitcoin außerhalb der Jahresfrist am 15.01.2018 für nur 2.000 € (= Tageskurs) veräußert.
In diesem Fall kann A den Verlust ebenfalls nicht geltend machen, da er sich mit der Veräußerung außerhalb der Jahresfrist bewegt. Auf den Eintritt des Erbfalls im Dezember 2017 kann er sich dabei nicht berufen.

Der zu versteuernde Gewinn wird nach § 23 Abs. 3 Satz 1 EStG wie folgt berechnet (vereinfachte Darstellung):

Veräußerungspreis
./. Einkaufpreis
./. vorhandene Werbungskosten (z.B. Verkaufsgebühren)
= Gewinn

Expertenwissen: Ausdehnung des Zeitraums für Nutzung als Einkunftsquelle

§ 23 Abs. 1 Nr. 2 Satz 4 EStG

(1) [1]Private Veräußerungsgeschäfte (§ 22 Nummer 2) sind

1.   (...)

2. (...) [4]Bei Wirtschaftsgütern im Sinne von Satz 1, aus deren Nutzung als Einkunftsquelle zumindest in einem Kalenderjahr Einkünfte erzielt werden, erhöht sich der Zeitraum auf zehn Jahre;

Ein sich hieraus ergebender Betrag ist steuerpflichtig, wenn der Gewinn die Freigrenze von 600 € genau erreicht oder sogar übersteigt[17].

Beschränkt sich der Gewinn hingegen auf einen Betrag von 599,99 € oder weniger, bleibt er unbesteuert.

Ausnahme: Der Steuerpflichtige hat in dem betreffenden Jahr noch weitere private Veräußerungsgeschäfte getätigt, aus denen ggf. weitere Gewinne resultieren, die jedenfalls zusammen den Betrag von 600 € erreichen.

Expertenwissen: Wortlaut § 23 Abs. 3 Sätze 1 und 5 EStG

(3) 1Gewinn oder Verlust aus Veräußerungsgeschäften nach Absatz 1 ist der Unterschied zwischen Veräußerungspreis einerseits und den Anschaffungs- oder Herstellungskosten und den Werbungskosten andererseits. [...] Gewinne bleiben steuerfrei, wenn der aus den privaten Veräußerungsgeschäften erzielte Gesamtgewinn im Kalenderjahr weniger als 600 Euro betragen hat.

Da es sich hierbei um eine Freigrenze handelt, ist bereits ein Gewinn ab 600 € (=600 € oder mehr) in voller Höhe steuerpflichtig. Auch müssen sämtliche privaten Veräußerungsgeschäfte eines Kalenderjahres zusammengerechnet werden.

Beispiel:
Anleger A hat im Jahr 2017 im Januar eine antike Perlenkette zum Preis von 90.000 € gekauft.

Im September 2017 hat er die Perlenkette zum Preis von 92.000 € wieder veräußert.

Zusätzlich hat A aber einen Spekulationsgewinn mit Bitcoins von insgesamt € 5.000 € erzielt, da er im Mai 2017 Bitcoins im Wert von 2.000 € gekauft und diese im November 2017 für 7.000 € wieder verkauft hat.

Aufwendungen in diesem Zusammenhang hatte er jeweils nicht.

Demnach wird für Anton folgende Rechnung aufgemacht:

---

[17] Die Freigrenze von 600 € ergibt sich aus § 23 Abs. 3 Satz 5 EStG.

	€
Gewinn aus Perlenketten-Verkauf	2.000
Gewinn aus Bitcoin-Verkauf	5.000
Spekulationsgewinn (gesamt)	7.000

Der erzielte Gewinn ist gemäß § 23 EStG voll zu versteuern. Sollten aus diesen Veräußerungen hingegen Verluste entstehen, sind diese nicht zwangsläufig verloren, sondern können mit laufenden Gewinnen aus anderweitigen privaten Veräußerungsgeschäften verrechnet werden[18].

Sollten im Verlustfalle keine weiteren Gewinne vorhanden sein, werden die Verluste von Seiten der Finanzverwaltung innerhalb der gleichen Einkunftsart bis zu einem Jahr zurückgetragen und für die zukünftige Verlustverrechnung auf Antrag auch vorgetragen.

Expertenwissen: Private Veräußerungsgeschäfte

§ 23 Einkommensteuergesetz

(1) 1 Private Veräußerungsgeschäfte (§ 22 Nummer 2) sind

1. (…)

2. Veräußerungsgeschäfte bei anderen Wirtschaftsgütern, bei denen der Zeitraum zwischen Anschaffung und Veräußerung nicht mehr als ein Jahr beträgt. 2 Ausgenommen sind Veräußerungen von Gegenständen des täglichen Gebrauchs. 3 Bei Anschaffung und Veräußerung mehrerer gleichartiger Fremdwährungsbeträge ist zu unterstellen, dass die zuerst angeschafften Beträge zuerst veräußert wurden. 4 Bei Wirtschaftsgütern im Sinne von Satz 1, aus deren Nutzung als Einkunftsquelle zumindest in einem Kalenderjahr Einkünfte erzielt werden, erhöht sich der Zeitraum auf zehn Jahre;

3. (…).

2 (…). 3 Bei unentgeltlichem Erwerb ist dem Einzelrechtsnachfolger für Zwecke dieser Vorschrift die Anschaffung oder die Überführung des Wirtschaftsguts in das Privatvermögen durch den Rechtsvorgänger zuzurechnen.

(3). (…) 7Verluste dürfen nur bis zur Höhe des Gewinns, den der Steuerpflichtige im gleichen Kalenderjahr aus privaten Veräußerungsgeschäften erzielt hat, ausgeglichen werden; sie dürfen nicht nach § 10d abgezogen werden. 8Die Verluste mindern jedoch nach Maßgabe des § 10d die Einkünfte, die der Steuerpflichtige in dem unmittelbar vorangegangenen Veranlagungszeitraum oder in den folgenden Veranlagungszeiträumen aus privaten Veräußerungsgeschäften nach Absatz 1 erzielt hat oder erzielt; § 10d Absatz 4 gilt entsprechend.

---

18 Zur Verlustverrechnung vgl. § 23 Abs. 3 Satz 7 + 8 EStG

1)

01.01.2017
Kauf 1 BTC für 1.650 €

02.01.2018
Verkauf 1 BTC für 3.500 €

Lösung:
Der sich hieraus ergebende Gewinn in Höhe von 1.850 € ist nach derzeitigem Stand steuerfrei, da die Veräußerungsfrist von einem Jahr überschritten ist.

2)

01.01.2017
Kauf 1 BTC für 1.650 €

28.12.2017
Verkauf 1 BTC für 3.500 €

Lösung:
Der sich hieraus ergebende Gewinn in Höhe von 1.850 € ist nach derzeitigem Stand in voller Höhe mit dem individuellen Steuersatz einkommensteuerpflichtig (zzgl. Solidaritätszuschlag und ggf. Kirchensteuer), da die Veräußerungsfrist von einem Jahr unterschritten und die Freigrenze von 600 € sogar überschritten ist.

Für die Berechnung der Steuerpflicht kommt bei der Annahme eines privaten Veräußerungsgeschäftes zurzeit die sog. FiFo-Methode (First-in-First-out-Methode) in Frage. Hierbei wird angenommen, dass der jeweils zuerst angeschaffte Bitcoin auch jeweils zuerst wiederverkauft wird. Gerade hier ist eine Aufzeichnung der einzelnen Geschäfte mit Anschaffungsdatum sowie Umrechnungskurs unausweichlich.

Expertenwissen: Verbrauchsfolgeverfahren

Das FiFo-Verfahren ist für Fremdwährungsgeschäfte im § 23 Abs. 1 Nr. 2 Satz 3 EStG geregelt.

Nach aktueller Rechtslage kann auch ein anderes Verbrauchsfolgeverfahren (z.B. LiFo (Last-in-First-out) gewählt werden. Wird dieses gewählt, muss allerdings daran dann auch festgehalten werden.

Eine vergleichbare Situation bestand bei Fremdwährungen nach UNSt.-Ref. 2008 bis 2013 bis dafür § 23 Abs. 1 Satz1 Nr. 2 Satz 3 EStG für eine obligatorische Anwendung von FiFo für anwendbar erklärt worden ist.

Vgl. dazu auch Bayerisches Landesamt für Steuern vom 12.03.2013, https://datenbank.nwb.de/Dokument/Anzeigen/498931/.

01.01.2017	01.06.2017	03.01.2018
Kauf 1 BTC	Kauf 0,5 BTC	Verkauf 1 BTC
für 1.650 €	für 500 €	für 3.500 €

Lösung:

Der sich hieraus ergebene Gewinn in Höhe von 1.850 € ist nach derzeitigem Stand steuerfrei, da die Veräußerungsfrist von einem Jahr überschritten ist, soweit der verkaufte Bitcoin mit dem ersten Kauf verrechnet wird. Wäre diese Regelung nicht vorhanden, hätte evtl. der Kauf vom 01.06.2017 zuerst verrechnet werden müssen, so dass der (evtl. anteilige) Gewinn aufgrund der nicht überschrittenen Veräußerungsfrist steuerpflichtig sein könnte.

Soweit mit einem Kryptowährungsgeschäft Zinsen verdient werden, ist auf diese die sog. Abgeltungsteuer i.H.v. 25 Prozent abzuführen.

Orientiert man sich hingegen streng am Wortlaut des § 20 EStG dürfte insoweit kein Zins vorliegen, da eine Kapitalforderung i.S.d. § 20 Abs. 1 Nr. 7 EStG eine Forderung auf ein gesetzliches Zahlungsmittel voraussetzt. „Krypto-Zinsen" sind aber unstreitig (noch) keine gesetzlichen Zahlungsmittel, so dass es bei einer Erfassung der Zinsen unter § 22 Nr. 3 EStG bleiben dürfte.

Werden Bitcoins in Form eines Peer-to-Peer-Kredits an Kreditnehmer verliehen oder an einer Online-Börse an einen Händler zum Zwecke des Hebelhandels überlassen, damit sich die Token vermehren können, erhöht sich nach einer im Internet immer wieder zu findenden Auffassung die erforderliche Haltedauer zum Erreichen der Steuerfreiheit von einem Jahr auf dann zehn Jahre.

Das Verleihen von Bitcoins sei demnach zwar grundsätzlich möglich und zulässig, verursache jedoch diese steuerliche Besonderheit, die schließlich auch ansonsten im privaten Bereich jederzeit auftauchen könne.

Naheliegender erscheint hingegen folgende steuerrechtliche Behandlung: Legt man § 23 Abs. 1 Satz 1 Nr. 2 Satz 4 EStG nach Sinn und Zweck der Norm aus, ist diese Vorschrift auf den Fall des Verleihens von Bitcoins nicht anwendbar, da diese Norm zuerst der Verhinderung von Steuersparmodellen – z.B. Containerleasingmodellen – dienen soll.

Daher dürfte es tendenziell auch beim Verleihen von Bitcoins bei der einjährigen Spekulationsdauer bleiben.

Schließlich existiert auch die vom BFH in einer früheren Entscheidung vertretene Auffassung, wonach Erträge, die in Fremdwährung anfallen, steuerlich gar keine Anschaffung darstellen[19].

Wendet man diese Entscheidung auf Fälle von Kryptowährungen an, würde eine Veräußerung — unabhängig von der Haltedauer — immer steuerneutral zu beurteilen sein.

Ob und inwieweit diese Rechtsprechungsgrundsätze analog auf digitale Assets anwendbar sind, ist derzeit allerdings noch offen[20].

Expertenwissen: Steuerliche Einordnung von Zinsen

Zinsen gehören nach § 20 Abs. 1 Nr. 7 EStG zu den Einkünften aus Kapitalvermögen.

§ 20 Einkommensteuergesetz

(1) Zu den Einkünften aus Kapitalvermögen gehören

1. (...)

7. Erträge aus sonstigen Kapitalforderungen jeder Art, wenn die Rückzahlung des Kapitalvermögens oder ein Entgelt für die Überlassung des Kapitalvermögens zur Nutzung zugesagt oder geleistet worden ist, auch wenn die Höhe der Rückzahlung oder des Entgelts von einem ungewissen Ereignis abhängt. 2Dies gilt unabhängig von der Bezeichnung und der zivilrechtlichen Ausgestaltung der Kapitalanlage. 3Erstattungszinsen im Sinne des § 233a der Abgabenordnung sind Erträge im Sinne des Satzes 1;

Gemäß § 32d Abs. 1 S. 1 EStG beträgt die Einkommensteuer darauf 25%.

---

19 BFH, Urteil vom 02.05.2000 – IX R 73/98
20 Vgl. zu alledem Klaus Himmer, Besteuerung von digitalen Assets wie Kryptowährungen und Tokens, https://medium.com/@fsblockchain/besteuerung-von-digitalen-assets-wie-kryptowährungen-und-tokens-c050a06b3e6b)

> § 32d Einkommensteuergesetz
>
> *(1) 1Die Einkommensteuer für Einkünfte aus Kapitalvermögen, die nicht unter § 20 Absatz 8 fallen, beträgt 25 Prozent. (...)*
>
> *(3) (...).*
>
> *Der automatische Steuerabzug nach § 43 Abs. 1 Nr. 7 EStG ist in den meisten Fällen nicht anzuwenden, da Schuldner der Kapitalerträge in diesen Fällen Kreditinstitute sein müssten. Daran fehlt es hier meist.*
>
> § 43 Einkommensteuergesetz
>
> *(1) 1Bei den folgenden inländischen und in den Fällen der Nummern 5 bis 7 Buchstabe a und Nummern 8 bis 12 sowie Satz 2 auch ausländischen Kapitalerträgen wird die Einkommensteuer durch Abzug vom Kapitalertrag (Kapitalertragsteuer) erhoben:*
>
> *7. Kapitalerträgen im Sinne des § 20 Absatz 1 Nummer 7 (...)*
>
> *Die Verpflichtung zur Erklärung der Kapitaleinkünfte ergibt sich aus § 32d Abs. 3 EStG. Nach § 20 Abs. 9 EStG wird der Sparer-Pauschbetrag abgezogen.*
>
> § 20 Einkommensteuergesetz
>
> *(...)*
>
> *(9) 1Bei der Ermittlung der Einkünfte aus Kapitalvermögen ist als Werbungskosten ein Betrag von 801 Euro abzuziehen (Sparer-Pauschbetrag); der Abzug der tatsächlichen Werbungskosten ist ausgeschlossen. 2Ehegatten, die zusammen veranlagt werden, wird ein gemeinsamer Sparer-Pauschbetrag von 1.602 Euro gewährt. (...).*

Im Steuerrecht sind – wie in anderen Lebensbereichen auch – oftmals zwei Seiten der Medaille zu beachten. Zum einen gibt es den bislang besprochenen Privatbereich, zum anderen aber auch den oftmals deutlich wichtigeren betrieblichen Bereich.

Die Gefahr dabei: Der Übergang von der privaten in die betriebliche Sphäre kann unbeabsichtigt, dazu sehr schnell und zusätzlich fast unbemerkt erfolgen.

Auf der steuerlichen Ebene kann dies mit sehr weitreichenden und einschneidenden Konsequenzen gleich über mehrere Steuerarten hinweg verbunden sein.

Derzeit existieren noch keine speziellen Maßstäbe, ab wann ein Übergang von privatem Traden hin zu gewerblichem Handel angenommen werden muss. Insoweit ist bis auf Weiteres auf die qualitativen Kriterien für die Abgrenzung eines Gewerbebetriebs von einer privaten Vermögensverwaltung abzustellen[21].

Sollte das nachhaltige Handeln mit Bitcoins jedoch als gewerbliche Tätigkeit eingestuft werden, fällt der Aspekt des privaten Veräußerungsgeschäftes ab diesem Zeitpunkt (genauer: für das gesamte betreffende Kalenderjahr, in dem der Übergang stattfindet) weg.

In diesem Fall sind sämtliche Einnahmen des betreffenden Jahres als Einkünfte aus Gewerbebetrieb zu beurteilen, welche der Einkommensteuer zzgl. Solidaritätszuschlag und Kirchensteuer sowie zusätzlich der Gewerbesteuer unterliegen würden.

Hierzu mehr im **Kapitel 10: Gewerbliche Tätigkeit und Gewerbesteuer.**

5. Mining und Einkommensteuerpflicht

Speziell zum Mining hatte das Bundesfinanzministerium verlautbart:

> „Handelt es sich beim Mining von Kryptowährungen um eine gelegentliche Tätigkeit, kann es sich um Einkünfte aus sonstigen Leistungen im Sinne des § 22 Nummer 3 Einkommensteuergesetz (EStG) handeln. Diese sind erst ab einer Höhe von 256 Euro im Kalenderjahr einkommensteuerpflichtig."

Mit anderen Worten: Solange des Mining nur hin und wieder – also nicht nachhaltig – betrieben wird, ist es im Bereich der Einkommensteuer grundsätzlich gemäß § 22 Nr. 3 EStG zu versteuern, soweit ein Überschuß von mindestens 256 € im Jahr erzielt wird.

---

21 Vgl. hierzu nur BFH, Urteil vom 11.10.2012 – IV R 32/10

Expertenwissen: Besteuerung sonstiger Einkünfte

§ 22 Einkommensteuergesetz

Sonstige Einkünfte sind

1. (...)

3. Einkünfte aus Leistungen, soweit sie weder zu anderen Einkunftsarten (§ 2 Absatz 1 Satz 1 Nummer 1 bis 6) noch zu den Einkünften im Sinne der Nummern 1, 1a, 2 oder 4 gehören, z. B. Einkünfte aus gelegentlichen Vermittlungen und aus der Vermietung beweglicher Gegenstände. 2Solche Einkünfte sind nicht einkommensteuerpflichtig, wenn sie weniger als 256 Euro im Kalenderjahr betragen haben. 3Übersteigen die Werbungskosten die Einnahmen, so darf der übersteigende Betrag bei Ermittlung des Einkommens nicht ausgeglichen werden; er darf auch nicht nach § 10d abgezogen werden. (...).

Das bedeutet in der Konsequenz, dass Einkünfte aus dem Mining innerhalb eines Kalenderjahres nicht höher als 255,99 € sein dürfen, um steuerfrei zu bleiben.

Sind sie im Einzelfall höher, unterfallen sie in jedem Fall der Einkommensteuer.

Werden die Einkünfte aus dem Mining jedoch nachhaltig erzielt, so ist von einer gewerblichen Tätigkeit auszugehen, die einkommensteuerlich gemäß § 15 EStG beurteilt wird.

Dies führt dann zugleich auch zur Gewerbesteuerpflicht.

Davon ist in der Regel auszugehen.

Hierzu mehr im **Kapitel 10: Gewerbliche Tätigkeit und Gewerbesteuer**

Außerdem ist in diesem Fall auch vom Entstehen einer umsatzsteuerlichen Unternehmereigenschaft auszugehen, die entsprechende Erklärungspflichten im Umsatzsteuerrecht auslöst.

Hierzu mehr im **Kapitel 9: Umsatzsteuer**

Kapitel 8:
Körperschaftsteuer

(Joerg Andres)

Die Körperschaftsteuer ist die Einkommensteuer der juristischen Personen.

Zu den juristischen Personen zählen nicht nur die Aktiengesellschaft, die Genossenschaft und der eingetragene Verein, sondern auch die GmbH und – als „kleine GmbH" – auch die Unternehmergesellschaft, auch kurz „UG" genannt, die von vielen Startups als Rechtsform gewählt wird. Die UG kann theoretisch bereits mit einem haftenden Stammkapital von lediglich einem € starten, während die herkömmliche GmbH ein Mindeststammkapital von 25.000 € benötigt.
Eine Gründung einer UG mit einem Mindestkapital von weniger als 3.000 – 4.000 € ist allerdings nicht ratsam, da ansonsten sehr schnell die Überschuldung droht.

Nennenswerte Verlautbarungen seitens der Finanzverwaltung oder einschlägige Gerichtsentscheidungen speziell zur Körperschaftsteuer im Zusammenhang mit Kryptowährungen stehen aktuell noch aus.

Daher gilt steuerlich auch hier:
Die Gewinne, die von Kapitalgesellschaften erzielt werden, sind stets gewerblich, so dass diese grundsätzlich auch vollständig zu versteuern sind. Neben der Körperschaftsteuer fällt auch Solidaritätszuschlag und Gewerbesteuer sowie zusätzlich Umsatzsteuer an.

Während bei natürlichen Personen die Gewerblichkeit erst geprüft werden muss, d.h. ob diese eine Tätigkeit dauerhaft, nicht freiberuflich und zugleich mit Gewinnerzielungsabsicht durchführen, wird die gewerbliche Tätigkeit bei den Kapitalgesellschaften bereits von Gesetzes wegen von vornherein unterstellt. Das zeigt sich unter anderem daran, dass eine Kapitalgesellschaft – im Gegensatz zur natürlichen Person – keine „Privatsphäre" hat.
Die Kapitalgesellschaft hat also bei ihren zu versteuernden Einkünften insoweit keine Freigrenze, die erst bei Überschreiten eine Körperschaftsteuerpflicht auslösen würde. Die Einkünfte der Ka-

pitalgesellschaft sind ab dem ersten Cent gegenüber dem Finanzamt zu deklarieren.

Wichtig für Betroffene ist zusätzlich, dass der Geschäftsführer für die korrekte Erklärung und Abführung der Steuern der Kapitalgesellschaft gegenüber dem Finanzamt sehr schnell in der Haftung stehen kann. Schließlich kann die Kapitalgesellschaft nur durch ihre Organe – zuerst also den Geschäftsführer – handeln. Das macht sich die Abgabenordnung zunutze (vgl. §§ 191, 69, 34, 35 AO).

---

§ 5 GmbH-Gesetz

(1) Das Stammkapital der Gesellschaft muß mindestens fünfundzwanzigtausend Euro betragen.

(2) Der Nennbetrag jedes Geschäftsanteils muss auf volle Euro lauten. Ein Gesellschafter kann bei Errichtung der Gesellschaft mehrere Geschäftsanteile übernehmen. (...)

§ 5a GmbH-Gesetz

(1) Eine Gesellschaft, die mit einem Stammkapital gegründet wird, das den Betrag des Mindeststammkapitals nach § 5 Abs. 1 unterschreitet, muss in der Firma abweichend von § 4 die Bezeichnung „Unternehmergesellschaft (haftungsbeschränkt)" oder „UG (haftungsbeschränkt)" führen.

(2) Abweichend von § 7 Abs. 2 darf die Anmeldung erst erfolgen, wenn das Stammkapital in voller Höhe eingezahlt ist. Sacheinlagen sind ausgeschlossen.

(3) In der Bilanz des nach den §§ 242, 264 des Handelsgesetzbuchs aufzustellenden Jahresabschlusses ist eine gesetzliche Rücklage zu bilden, in die ein Viertel des um einen Verlustvortrag aus dem Vorjahr geminderten Jahresüberschusses einzustellen ist. (...)

(4) Abweichend von § 49 Abs. 3 muss die Versammlung der Gesellschafter bei drohender Zahlungsunfähigkeit unverzüglich einberufen werden.

(5) Erhöht die Gesellschaft ihr Stammkapital so, dass es den Betrag des Mindeststammkapitals nach § 5 Abs. 1 erreicht oder übersteigt, finden die Absätze 1 bis 4 keine Anwendung mehr; die Firma nach Absatz 1 darf beibehalten werden.

Kapitel 9: Umsatzsteuer

(Joerg Andres)

1. Umsatzsteuerliche Behandlung von Bitcoin-Geschäften

Einer Stellungnahme der Bundesregierung vom 29.12.2017 (Verfasser: Parlamentarischer Staatssekretär Dr. Michael Meister)[22] zufolge scheint die umsatzsteuerliche Behandlung von Bitcoin-Geschäften auf den ersten Blick geklärt zu sein. Darin heißt es auszugsweise wörtlich:

> „Die umsatzsteuerrechtliche Behandlung des Umtauschs von Bitcoin in eine konventionelle Währung hat der EuGH mit seiner Entscheidung vom 22. Oktober 2015, C-264/14, Hedqvist geklärt. Danach handelt es sich bei dem Umtausch konventioneller (gesetzlicher) Währungen in Einheiten der virtuellen Währung „Bitcoin" und umgekehrt um eine Dienstleistung gegen Entgelt, die unter die Steuerbefreiung nach Artikel 135 Absatz 1 Buchstabe e MwStSystRL fällt. Die Verwendung von Bitcoin wird der Verwendung von konventionellen Zahlungsmitteln gleichgesetzt, soweit sie keinem anderen Zweck als dem eines reinen Zahlungsmittels dienen. Die Hingabe von Bitcoin zur bloßen Entgeltentrichtung ist somit nicht steuerbar. Die umsatzsteuerrechtliche Behandlung des Mining ist noch nicht abschließend geklärt. Die Europäische Kommission hat hierzu bereits Erörterungen im Mehrwertsteuerausschuss angestoßen, die aber noch nicht abgeschlossen sind."

a) Allgemeines

Vorweg ist ganz grundsätzlich festzuhalten, dass eine umsatzsteuerliche Beurteilung strikt von einer einkommensteuerlichen, körperschaftsteuerlichen oder gewerbesteuerlichen Würdigung zu unterscheiden ist, was in zahlreichen Stellungnahmen immer wieder untergeht oder missverständlich dargestellt wird.

Die Tatsache, dass sich die Bundesregierung in ihren Ausführungen einem Urteil des Europäischen Gerichtshofs im Ergebnis anschließt, lässt jedenfalls erkennen, dass diese insoweit von einer unmittelbaren Anwendbarkeit dieser Entscheidung auf den deutschen Rechtsraum ausgeht und diese für sich und die ihr

---

[22] Bundestags-Drucksache 19/370 vom 05.01.2018, Seite 22

nachgeordnete Finanzverwaltung in ihrer Geltung akzeptiert. Dies hat sie durch ein BMF-Schreiben vom 27.02.2018 bestätigt[23].

Gleichwohl bedürfen die Ausführungen in der vorzitierten Stellungnahme einiger Erläuterungen, um auch vom Nicht-Steuerrechtler nachvollzogen und zugleich richtig eingeordnet zu werden. Die von der Bundesregierung zitierte EuGH-Entscheidung weicht markant von der bisherigen Auffassung ab[24].

b) Die Entscheidung des EuGH in ihren Grundzügen

In der nunmehr vom EuGH getroffenen Feststellung der Steuerfreiheit des Umtauschs von Bitcoin in eine konventionelle Währung ist zugleich die systematisch prägende Feststellung enthalten, dass auch ein solcher Umtausch zunächst einmal dem Umsatzsteuergesetz unterfällt, also „steuerbar" ist und demnach grundsätzlich zu einer Umsatzsteuerpflicht führen kann, wenn er nicht – wie hier – aufgrund einer einschlägigen Vorschrift als steuerbefreit qualifiziert wird.

Dabei hat der EuGH – im bislang ersten und auch einzigen Statement zur umsatzsteuerlichen Behandlung im Zusammenhang mit Bitcoin-Geschäften und deren Besteuerung – den (reinen) Umtausch von Bitcoins in konventionelle Währungen und umgekehrt umsatzsteuerlich als sonstige Leistung (Dienstleistung) i.S.d. MwStSysRL[25] qualifiziert.

Erst im zweiten Schritt hat der EuGH dann geprüft, ob diese Steuerbarkeit konkret in eine Steuerpflicht mündet. Das greift immer dann ein, wenn eine Steuerbefreiung mangels spezieller

---

[23] Vgl. BMF-Schreiben zur umsatzsteuerlichen Behandlung von Bitcoin und anderen sog. virtuellen Währungen vom 27.02.2018, III C 3 - S 7160-b/13/10001;

[24] Vgl. zur früheren Auffassung der Bundesregierung Schreiben vom 07.08.2013 von Hartmut Koschyk, zur Frage von Bitcoins als Finanzinstrument und zum Handel mit Bitcoins als umsatzsteuerbefreitem Umsatz i.S.v. § 4 Nr. 8b UStG; dazu Pielke, Umsatzsteuerliche Behandlung von Bitcoins nach dem Urteil des EuGH, MwStR 2016, 150 ff. m.w.N.

[25] Art. 2 Abs. 1 lit. c MwStSysRL; RL 2006/112/EG i.d.F. 27.06.2016

Regelung zu verneinen ist – oder demgegenüber derzeit von einer Steuerbefreiung solcher Umsätze auszugehen ist – was der EuGH angenommen hat.

Expertenwissen: Prüfungsschema bei der Umsatzsteuer (verkürzt)

I.   Steuerbarkeit eines Umsatzes
II.   Steuerpflicht (dann weiter) oder Steuerbefreiung (dann keine USt)
III.   Bemessungsgrundlage
IV.   Höhe des Steuersatzes
V.   Zeitpunkt der Steuerentstehung
VI.   Steuerschuldner
VII.   Vorsteuerabzug
VIII. Steuerberechnung

---

c) Mögliche Konsequenzen aus dem EuGH-Urteil

Der reine Umtausch von Bitcoin in konventionelle Währungen (oder umgekehrt) ist umsatzsteuerbefreit[26].

Im Umkehrschluss bedeutet dies allerdings auch, dass eine Steuerpflicht zukünftig durchaus angenommen werden könnte, nämlich dann, wenn der aktuell bejahte Befreiungstatbestand wegfallen oder auch nur enger als bisher ausgelegt werden sollte.

So weist der EuGH in dem zitierten Urteil ausdrücklich auf Folgendes hin[27]:

> „Es entspricht ebenfalls ständiger Rechtsprechung, dass die zur Umschreibung der genannten Steuerbefreiungen verwendeten Begriffe eng auszulegen sind, da diese Steuerbefreiungen Ausnahmen von dem allgemeinen Grundsatz darstellen, dass jede Dienstleistung, die ein Steuerpflichtiger gegen Entgelt erbringt, der Mehrwertsteuer unterliegt (Urteile Ludwig, C 453/05, EU:C:2007:369, Rn. 21, und DTZ Zadelhoff, C 259/11, EU:C:2012:423, Rn. 20)."

---

[26] So nun auch BMF-Schreiben vom 27.02.2018 im Rahmen einer richtlinienkonformen Auslegung des § 4 Nr. 8 Buchst. b UStG. Die Hingabe von Bitcoin zur bloßen Entgeltentrichtung ist dem BMF zufolge hingegen nicht steuerbar.

[27] Vgl. EuGH, Urteil vom 22.10.2015 – C-264/14; Rs. Skatteverket/ Hedqvist, Rn 34

Fehlt es also an einem solchen Befreiungstatbestand ist ein grundsätzlich steuerbarer Umsatz in der Folge in der Regel auch steuerpflichtig.

Vor diesem Hintergrund sollte die Entscheidung des EuGH als das verstanden werden, was sie ist: Eine auf einen einzelnen Aspekt von Bitcointransaktionen beschränkte Momentaufnahme.

Außerdem sagt diese Entscheidung noch nichts Abschließendes über den Umtausch von Bitcoin in andere Kryptowährungen oder in umgekehrter Richtung aus. Aber die Vermutung liegt nahe, dass auch diese Umsätze voraussichtlich als umsatzsteuerbefreit anzusehen sind[28]. Besonders hervorzuheben ist, dass der EuGH jedenfalls die virtuelle Währung Bitcoin mit den konventionellen Währungen gleichstellt.[29] Auch diese Feststellung erstreckt er aber nicht automatisch auf alle anderen Kryptowährungen.

Der EuGH hat in seiner Entscheidung daher bislang nur bestätigt[30],

> „dass Dienstleistungen wie die im Ausgangsverfahren in Rede stehenden, die im Umtausch konventioneller Währungen in Einheiten der virtuellen Währung „Bitcoin" und umgekehrt bestehen und die gegen Zahlung eines Betrags ausgeführt werden, der der Spanne entspricht, die durch die Differenz zwischen dem Preis, zu dem der betreffende Wirtschaftsteilnehmer die Währungen ankauft, und dem Preis, zu dem er sie seinen Kunden verkauft, gebildet wird, von der Mehrwertsteuer befreite Umsätze im Sinne dieser Bestimmung darstellen".

---

[28] Vgl. die Stellungnahme der Bundesregierung in der Bundestags-Drucksache 19/370 vom 05.01.2018, Seite 22

[29] Vgl. EuGH, Urteil vom 22.10.2015, C-264/14; Rs. Skatteverket/Hedqvist, Rn 25

[30] Vgl. EuGH, Urteil vom 22.10.2015, C-264/14; Rs. Skatteverket/Hedqvist, Rn. 57

Mit dem Urteil hat der EuGH damit einen ersten richtungsweisenden Schritt hin zur Anerkennung des Bitcoin als virtuelle Währung gemacht. Als Argument dafür, dass die Grundsätze auch auf die zahlreichen anderen bereits existierenden Kryptowährungen Anwendung finden, mag die Feststellung des EuGH dienen, grundsätzlich reiche die Einigkeit der Beteiligten einer konkreten Transaktion aus, dass die jeweilige Währung ihnen gegenseitig als Zahlungsmittel diene[31].

d) Auslegung des deutschen Gesetzestextes durch die Finanzverwaltung

Die Finanzverwaltung steht dem Thema Tausch von Kryptowährungen derzeit (noch) immer sehr reserviert gegenüber. Verbindliche detaillierte Stellungnahmen und Verwaltungsanweisungen zur umsatzsteuerlichen Behandlung fehlen hier mit Hinweis auf die fehlende EU-Abstimmung mit Ausnahme des BMF-Schreibens vom 27.02.2018[32] noch.

Bis zum Zeitpunkt des EuGH-Urteils im Fall Hedqvist vom 22.10.2015 hat die Finanzverwaltung solche Umtausch-Geschäfte noch als tauschähnlichen Umsatz i.S.d. § 3 Abs. 12 Satz 2 UStG qualifiziert. Die Zahlung mit Bitcoins innerhalb eines Tauschgeschäftes bestehe demnach aus zwei „umsatzsteuerbaren Leistungen", die nicht im Einzelnen definiert wurden.

Diese Auffassung wurde erst nach dem Urteilsspruch aufgegeben, da es sich beim Bitcoin dem EuGH zufolge – jedenfalls für Zwecke der Umsatzsteuer – eindeutig um eine Währung handelt.

---

[31] Vgl. Pielke, MwStR 2016, S. 150 (152)
[32] BMF-Schreiben vom 27.02.2018

Einer früheren Stellungnahme des BMF zufolge[33] kam eine Steuerbefreiung nach § 4 Nr. 8 b UStG für derartige Transaktionen hingegen nicht in Betracht.

> Expertenwissen: Steuerbefreiungen nach dem Umsatzsteuergesetz
>
> *§ 4 Umsatzsteuergesetz*
>
> *Von den unter § 1 Abs. 1 Nr. 1 fallenden Umsätzen sind steuerfrei:*
>
> *1.(...)*
>
> *8.*
>
> *a) die Gewährung und die Vermittlung von Krediten,*
>
> *b) die Umsätze und die Vermittlung der Umsätze von gesetzlichen Zahlungsmitteln. Das gilt nicht, wenn die Zahlungsmittel wegen ihres Metallgehalts oder ihres Sammlerwerts umgesetzt werden, (...)*
>
> *Der in § 4 Nr. 8b UStG nach wie vor enthaltene Begriff „gesetzliche" (Zahlungsmittel) erscheint nach der eindeutigen Entscheidung des EuGH daher überholt und sollte daher vom Gesetzgeber gestrichen werden.*

Bemerkenswert daran ist, dass die nunmehr von der Bundesregierung vertretene Auffassung zur Steuerbefreiung solcher Bitcoin-Umsätze von dem geltenden Gesetzestext, der von „gesetzlichen" Zahlungsmitteln spricht, abweicht.

Dies deutet darauf hin, dass hier kurzfristig eine Anpassung des Gesetzes erfolgen dürfte.

e) Spezialfall Mining

Zur umsatzsteuerlichen Behandlung des Kryptowährungsminings existiert ersichtlich noch keine Stellungnahme eines bundesdeutschen oder europäischen Gerichts.

Inwieweit Mining (Pool-Mining/Cloud-Mining) vergleichbar mit anderen Leistungen im E-Commerce wie Cloud Computing oder

---

[33] Schreiben vom 07.08.2013 von Hartmut Koschyk, Parlament. Staatssekretär, an MdB Frank Schäffler zur Frage von Bitcoins als Finanzinstrument und zum Handel mit Bitcoins als umsatzsteuerbefreitem Umsatz i.S.v. § 4 Nr. 8b UStG

dem Mieten von Servern ist, kann derzeit nicht abschließend beurteilt werden, da diese Aussagen ohne Vorliegen eindeutiger Rechtsnormen und/oder einschlägiger Gerichtsurteile nicht ohne Weiteres auf Mining übertragbar sind.

Expertenwissen: Pool-Mining und Cloud-Mining

Beim Pool-Mining schließen sich viele Steuerpflichtige zur Verstärkung der eigenen – insoweit nicht ausreichenden – Rechnerleistung zusammen, um gemeinsam die erforderlichen Berechnungen zum Minen neuer Coins zu erbringen. Anschließend werden die auf diese Weise gewonnenen Coins unter allen Pool-Minern aufgeteilt.

Beim Cloud-Mining wird die Rechenleistung fremder Rechner von spezialisierten Anbietern, die die Rechner unterhalten, eingekauft.

Weiterführende Lektüre: Rüdiger Quermann, Cloud-Mining, Pool-Mining – wo wird versteuert und durch wen? http://steuerberater-quermann.de/?c=Steuer-bei-Bitcoin-Mining-in-Cloud-und-Pool

---

Gleichwohl können daraus grundlegende Überlegungen sowohl für das Pool-Mining, als auch für das Cloud-Mining abgeleitet werden, die allerdings jeweils mit Vorsicht zu genießen sind.

Bei den Leistungen der Miner handelt es sich um nicht steuerbare Vorgänge[34]. Weder die Transaktionsgebühr, noch die Entlohnung in Form des Erhalts neuer Bitcoins durch das System sind als „Entgelt" anzusehen[35].

In Fällen, in denen Umsätze gegen ein separat dafür zu entrichtendes Entgelt in einem Leistungsaustausch stattfinden – wie es beim Verkauf zuvor selbst geminter Bitcoins erfolgt – ist daher mangels ausdrücklicher Befreiungsvorschrift wohl eher von steuerpflichtigen Umsätzen und damit einer Umsatzbesteuerung auszugehen.

Die möglichen Beurteilungen der Auswirkungen des Minings im Rahmen des Umsatzsteuerrechts sollen daher einmal anhand eines einfachen Falles dargestellt werden.

---

[34] Vgl. BMF-Schreiben vom 27.02.2018, I a) Mining
[35] Vgl. BMF-Schreiben vom 27.02.2018, a.a.O.

Beispiele:

Grundfall:

Miner M hat sich gleich zu Beginn des Jahres 2017 bei einem Mining-Pool (mit Sitz alternativ: in der EU/außerhalb der EU), Rechenpower eingekauft und damit im Jahr 2017 bis Ende November 2017 so insgesamt 3,25 Bitcoins gemined. Außerdem hat er weiteren Aufwand gehabt, der ihm von Dritten in Rechnungen mit Umsatzsteuerausweis berechnet wurde. Im Dezember 2017 hat er dann seine Bitcoins für insgesamt 40.000 € an den Kunden K in Deutschland mit Rechnung veräußert. Darin hat er 19 Prozent Umsatzsteuer ausgewiesen.

M fragt sich, ob seine Aktivitäten tatsächlich umsatzsteuerpflichtig gewesen sind und er die Vorsteuer aus den Rechnungen, die er in diesem Zusammenhang erhalten und bezahlt hat vom Finanzamt erstattet verlangen kann.

Alternative:

M hat das Mining über eine Cloud betrieben. Der Server, von dem aus die Cloud unterhalten wird, steht außerhalb Deutschlands (alternativ: in der EU/im Drittland).

Ob und inwieweit auf die veräußerten Bitcoins in den im Grundfall und in der Alternative genannten Konstellationen Umsatzsteuer anfällt, ist bislang weder vom bundesdeutschen Gesetzgeber, noch von einem bundesdeutschen Gesetz ausdrücklich geregelt oder von einem Gericht geprüft worden.

Lösung des Grundfalls

Im geschilderten Grundfall sind jedenfalls zwei unterschiedliche Aktivitäten des M zu unterscheiden.

1. Mining der Bitcoins

Zunächst betrachten wir das Mining – und damit die „Generierung" der Bitcoins – selbst. Generell kann vorweg festgehalten werden, dass beim Mining mangels körperlicher Gegenstände eine Lieferung gemäß § 3 Abs. 1 UStG ganz offensichtlich ausscheidet.

Demnach kommt beim Mining ohnehin nur eine sonstige Leistung i.S.v. § 3 Abs. 9 UStG, in Form einer Dienstleistung (Zurverfügungstellen von Rechenleistung) in Betracht.

Gemäß BMF-Schreiben vom 27.02.2018[36] handelt es sich bei den Leistungen der Miner um nicht steuerbare Vorgänge, so dass dieser Vorgang in Deutschland insgesamt nicht steuerbar ist.

Mit anderen Worten: Das **deutsche** Umsatzsteuergesetz findet auf diesen Fall – positiv wie negativ – keine Anwendung.

Da es bereits an der Umsatzsteuerbarkeit fehlt, kommt es auf die Frage einer Steuerpflicht oder Steuerbefreiung insoweit nicht mehr an.

Lösung der Alternative:
Hat der Anbieter seinen Sitz hingegen im Drittland, also außerhalb der EU, ändert sich an dieser Beurteilung nichts, da auch dann der Vorgang nicht steuerbar ist.

Hinweis:
Diese Auffassung orientiert sich an den Aussagen des BMF-Schreibens vom 27.02.2018, wobei diese teilweise sehr kurz und allgemein gehalten sind. Einschlägige Gerichtsentscheidungen, die die Aussagen zu den Beispielsfällen im Einzelnen belegen könnten, fehlen noch.

Daher stellt die geäußerte Auffassung eine rein subjektive Beurteilung durch die Autoren dar.

2. Veräußerung der geminten Bitcoins

Wendet man sich nun der Veräußerung der geschürften Coins zu, so ist Folgendes festzustellen: Der Verkauf der geminten Coins – einer sonstigen Leistung – erfolgt durch M als Unternehmer im Rahmen seines Unternehmens. Diese Leistung wird auch im Rahmen eines Leistungsaustauschs und innerhalb Deutschlands

---

[36] BMF-Schreiben vom 27.02.2018.

erbracht. Somit dürfte es sich um einen umsatzsteuerbaren Umsatz i.S.v. § 1 Abs. 1 Satz 1 Nr. 1, 1. Alt. UStG handeln.

Eine Steuerbefreiung für diese Umsätze ist jedenfalls dann nicht ersichtlich, wenn man die Steuerbefreiung in § 4 Abs. 8 b UStG eng auslegt und den Verkauf der Bitcoins nicht als reinen Währungstausch beurteilt, so dass im Zweifel hier von einer umsatzsteuerpflichtigen sonstigen Leistung auszugehen ist. Diese wird im Zweifel mit dem Regelsteuersatz von derzeit 19 % zu besteuern sein.

Dieser Fall unterscheidet sich insoweit jedenfalls von dem vom EuGH am 22.10.2015 entschiedenen und dokumentiert, dass der EuGH keine generelle Steuerbefreiung auf bitcoinbezogene Umsätze und noch viel weniger auf solche von Minern festgestellt hat.

Hinweis:
Ob und inwieweit gleichwohl eine Steuerbefreiung oder jedenfalls ein anderer Steuersatz in Betracht kommt, kann hier wohl nur durch eine sog. verbindliche Auskunft beim jeweils zuständigen Finanzamt geklärt werden, bevor die jeweiligen Umsätze in diesem Zusammenhang erbracht werden.

Die im Falle des Pool-Minings entwickelten Lösungen dürften nach unserer Einschätzung in der gleichen Art und Weise auch in Bezug auf das Cloud-Mining gelten.

Hinweis:
Auch diese Auffassung kann derzeit noch nicht anhand eines BMF-Schreibens oder einer einschlägigen Gerichtsentscheidung belegt werden, sondern stellt eine rein subjektive Beurteilung durch die Autoren dar.

Unterlässt M es, die von ihm erbrachten und gegenüber K abgerechneten Leistungen der Umsatzsteuer zu unterwerfen, kann es passieren, dass er diese Umsatzsteuer aufgrund einer später durchgeführten Betriebsprüfung noch nachträglich zzgl. Zinsen an das Finanzamt abführen muss, obwohl er bis dahin noch gar keine Umsatzsteuer von seinem Kunden erhalten hat.

M könnte in diesem Fall nur versuchen, die Umsatzsteuer seinem Kunden nachträglich in Rechnung zu stellen und sich dadurch weitestgehend schadlos zu halten. Sein Risiko dabei: Wenn K der Zahlungsaufforderung nicht nachkommt, bleibt M nur eine zivilgerichtliche Klage. Stellt sich dabei heraus, dass K zahlungsunfähig ist, bleibt M zusätzlich auf den Prozesskosten sitzen.

Ist es hingegen umgekehrt und M hat „vorsorglich" Umsatzsteuer mit 19 Prozent in Rechnung gestellt und an das Finanzamt abgeführt, kann es sein, dass bei seinem Kunden im Rahmen einer dort durchgeführten Betriebsprüfung die von diesem gegenüber dem Finanzamt geltend gemachte und vom Finanzamt daraufhin auch erstattete sog. Vorsteuer nachträglich wieder aberkannt wird.

Solange dann durch M keine Korrektur der Rechnung hinsichtlich der darin ausgewiesenen Umsatzsteuer erfolgt, wäre M zivilrechtlich gegenüber dem K verpflichtet, die zu Unrecht vereinnahmte Umsatzsteuer an diesen zurückzuzahlen, während M selbst gegenüber dem Finanzamt keinen Rückforderungsanspruch für die zuvor abgeführte Umsatzsteuer hätte.

Fazit: Wie bereits aus diesem einfachen Fall ersichtlich, eine insgesamt durchaus schwierige und über weite Strecken unbefriedigende Situation, die vor allem der derzeit herrschenden ungewissen Rechtslage geschuldet ist.

Kapitel 10:
Gewerbliche Tätigkeit
und Gewerbesteuer

(Joerg Andres)

Auszug aus einer Stellungnahme der Bundesregierung (Parlamentarischer Staatssekretär Dr. Michael Meister vom 29.12.2017) zur ertragsteuerlichen Behandlung von Mining und Tausch von Kryptowährungen[37]:

> „Werden Kryptowährungen im Rahmen einer gewerblichen Tätigkeit mit Gewinnerzielungsabsicht angeschafft oder hergestellt, sind Gewinne aus der Veräußerung oder dem Tausch der Kryptowährung im Rahmen der Einkünfte aus Gewerbebetrieb zu erfassen. Die Kosten für das Mining der Kryptowährungen sind als Betriebsausgaben abzugsfähig."

Das sog. „Mining" wird einkommensteuerlich den Einkünften aus Gewerbebetrieb gemäß § 15 EStG zugeordnet, da hierdurch in der Regel eine selbstständige nachhaltige Betätigung am allgemeinen wirtschaftlichen Verkehr ausgeübt wird und die Absicht besteht, hierdurch Gewinne zu erzielen.

Diese steuerliche Beurteilung ist nicht davon abhängig, dass zuvor eine Gewerbeanmeldung bei der Gemeinde abgegeben wurde.
Eine solche ist – wenn deren Voraussetzungen vorliegen – zwar verpflichtend vorzunehmen und in der Regel für weniger als 50 € durchführbar, ihr Unterlassen führt aber nicht etwa zu der steuerlichen Beurteilung, dass dadurch das Mining nur als „privat" anzusehen wäre.

Auch ein „Gelegenheitsmining" wird als gewerblich eingestuft. Hier sollte man also nicht mit einer konstruierten Argumentation zur angeblich fehlenden Gewerblichkeit experimentieren.

Natürliche Personen und Personengesellschaften können aber einen Gewerbesteuerfreibetrag von derzeit 24.500 € für sich in Anspruch nehmen. Eine Kapitalgesellschaft kann dies im Unterschied dazu – ohne zusätzliche steuerliche Konstruktion – von vornherein also nicht.

---

[37] Bundestags-Drucksache 19/370 vom 05.01.2018, Seite 21 f.

Expertenwissen: Anzeigepflichten bei Betriebseröffnung nach der Abgabenordnung

§ 138 Abgabenordnung

*(1) Wer einen Betrieb der Land- und Forstwirtschaft, einen **gewerblichen Betrieb** oder eine Betriebstätte eröffnet, hat dies nach amtlich vorgeschriebenem Vordruck der Gemeinde mitzuteilen, in der der Betrieb oder die Betriebstätte eröffnet wird; die Gemeinde unterrichtet unverzüglich das nach § 22 Abs. 1 zuständige Finanzamt von dem Inhalt der Mitteilung. (...) Das Gleiche gilt für die Verlegung und die Aufgabe eines Betriebs, einer Betriebstätte oder einer freiberuflichen Tätigkeit.*

(1a) Unternehmer im Sinne des § 2 des Umsatzsteuergesetzes können ihre Anzeigepflichten nach Absatz 1 zusätzlich bei der für die Umsatzbesteuerung zuständigen Finanzbehörde elektronisch erfüllen. (...)

(2) Steuerpflichtige mit Wohnsitz, gewöhnlichem Aufenthalt, Geschäftsleitung oder Sitz im Geltungsbereich dieses Gesetzes (inländische Steuerpflichtige) haben dem für sie nach den §§ 18 bis 20 zuständigen Finanzamt mitzuteilen:

1.

die Gründung und den Erwerb von Betrieben und Betriebstätten im Ausland;

2.

den Erwerb, die Aufgabe oder die Veränderung einer Beteiligung an ausländischen Personengesellschaften;

(...)

Demnach sind alle Einnahmen, die durch das Minen von Bitcoins erzielt werden, als Betriebseinnahmen gegenüber dem zuständigen Finanzamt zu deklarieren.

Im Regelfall ist das Finanzamt zuständig, in dessen Zuständigkeitsbereich das Mining durchgeführt wird.

Ein Minen mit einem herkömmlichen Rechner ist allerdings kaum mehr möglich, so dass häufig auf Pool-Mining oder Cloud-Mining zurückgegriffen werden muss.
Da die Einkünfte grundsätzlich in dem jeweiligen Land der Betriebsstätte steuerpflichtig sind, ist fraglich, wo die jeweilige Betriebsstätte in diesen Fällen dann tatsächlich belegen ist.

1. Zur Steuerpflicht beim Cloud-Mining

Beim Cloud-Mining wird man davon ausgehen können, dass die Cloud steuerlich dort anzusiedeln ist, wo der Server konkret steht.

Wo das konkret ist, kann entweder der Betreiber der Cloud mitteilen oder man führt eine Traceroute-Anfrage durch[38].

Ob aber durch den bloßen Kauf von anteiliger Rechnerleistung tatsächlich bereits eine Betriebsstätte begründet wird, kann und sollte zumindest in Frage gestellt werden.

Verfügt der Steuerpflichtige hingegen über einen eigenen oder jedenfalls über einen allein von ihm gemieteten Server in einem anderen Land, kann dies zur Annahme einer Betriebsstätte und einer daraus resultierenden Steuerpflicht dort führen. Im Einzelfall ist dann zu prüfen, ob mit dem betreffenden Land überhaupt ein Doppelbesteuerungsabkommen existiert und wenn ja, welche Regelungen dieses insoweit trifft.

2. Zur Steuerpflicht beim Pool-Mining

Auch für die einkommen- und daran anschließend die gewerbesteuerliche Beurteilung des Pool-Mining ist vorab entscheidend, wo der Ort der Betriebsstätte anzunehmen ist.

Ebenso kann es aber auch fraglich sein, wer als Steuersubjekt in Betracht kommt.

Mit anderen Worten: Wer muss im Einzelfall überhaupt eine Steuererklärung abgeben?Wer selbst Einkünfte erzielt, muss diese grundsätzlich auch selbst dokumentieren und gegenüber dem Finanzamt im Rahmen einer Steuererklärung angeben.

Anders verhält es sich jedoch, wenn der Steuerpflichtige nicht alleine agiert, sondern einer Gruppe von Steuerpflichtigen – etwa im Rahmen einer Personengesellschaft (GbR, OHG, KG), angehört. In diesem Fall werden die Einkünfte auf Ebene der Gesellschaft zunächst für diese zusammengestellt und um die zugehörigen Ausgaben bereinigt und erst danach der jeweilige Ergebnisanteil (Gewinn/Verlust) auf die einzelnen Gesellschafter in Höhe der jeweiligen Beteiligung an der Gesellschaft aufgeteilt.

---

[38] Vgl. Rüdiger Quermann, Cloud-Mining, Pool-Mining – wo wird versteuert und durch wen? http://steuerberater-quermann.de/?c=Steuer-bei-Bitcoin-Mining-in-Cloud-und-Pool

Diese Einkunftsermittlung wird in einem standardisierten zwei-stufigen Verfahren, der sog. einheitlichen und gesonderten Fest-stellung der Einkünfte durchgeführt.soweit die Einkünfte der Gemeinschaft den Gewerbesteuerfreibetrag überschreiten, fällt zusätzlich Gewerbesteuer an. Deren Höhe hängt maßgeblich von dem am Ort der Betriebsstätte geltenden Gewerbesteuerhebesatz ab.zusätzlich sollte darauf geachtet werden, dass eine Steuer-pflicht zu Lasten der einzelnen Gesellschafter bereits deutlich vor dem Zeitpunkt greifen kann, zu dem diesen eine Ausschüttung zugeflossen ist.

Als Beteiligter der Gemeinschaft braucht der Steuerpflichtige zur Frage nach den Einkünften grds. lediglich den Namen der Gesell-schaft und bei der Frage nach der anteiligen Höhe „von Amts we-gen" anzugeben[39]. Auch wer lediglich an einem ausländischen Pool als Gesellschafter beteiligt ist, sollte bedenken, dass auch diese Be-teiligung dem deutschen Finanzamt gemäß § 138 Abs. 2 AO ange-zeigt werden muss.

Unterbleibt dies, kann eine Ordnungswidrigkeit i.S.d. § 379 Ab-satz 2 AO vorliegen, die zu einer Geldbuße von bis zu 5.000 € füh-ren kann[40].

Expertenwissen: Steuergefährdung und deren Ahndung

§ 379 Abgabenordnung

(1) (...)

(2) Ordnungswidrig handelt, wer vorsätzlich oder leichtfertig

1. der Mitteilungspflicht nach § 138 Absatz 2 Satz 1 nicht, nicht voll-ständig oder nicht rechtzeitig nachkommt, (...)

(3) (...)

(4) Die Ordnungswidrigkeit nach Absatz 1 Satz 1 Nummer 1 und 2, Absatz 2 Nummer 1a, 1b und 2 sowie Absatz 3 kann mit einer Geld-buße bis zu 5 000 Euro geahndet werden, wenn die Handlung nicht nach § 378 geahndet werden kann.

(5) (...)

---

39 Vgl. Rüdiger Quermann, Cloud-Mining, Pool-Mining – wo wird vers-teuert und durch wen? http://steuerberater-quermann.de/?c=Steuer-bei-Bitcoin-Mining-in-Cloud-und-Pool

40 Vgl. Rüdiger Quermann, Cloud-Mining, Pool-Mining – wo wird vers-teuert und durch wen? http://steuerberater-quermann.de/?c=Steuer-bei-Bitcoin-Mining-in-Cloud-und-Pool

3. Folgen der Annahme einer Steuerpflicht in Deutschland

Kommt man also zu dem Ergebnis, dass eine Betriebsstätte in Deutschland anzunehmen ist, sind im Gegenzug hierzu alle Ausgaben, die mit dieser Tätigkeit aufgewendet werden, als Betriebsausgaben abzugsfähig.

Voraussetzung ist allerdings, dass die jeweils ausgestellten Rechnungen auch auf den Unternehmer ausgestellt werden, der das Mining betreibt.

Beispiel:

Miner M hat sich gleich zu Beginn des Jahres 2017 zwei sehr leistungsstarke Rechner mit speziellen Graphikkarten für insgesamt

12.000 € angeschafft, die er rund um die Uhr im Arbeitszimmer seiner Mietwohnung einsetzt, um damit Bitcoins zu minen. Im Jahr 2017 hat er so insgesamt 3,25 Bitcoins gemined, die er im Dezember 2017 für 40.000 € veräußert hat.

Die anteiligen Aufwendungen für sein betrieblich genutztes Zimmer haben für 2017 insgesamt 1.800 € betragen, die M auch mit korrekten Rechnungen dokumentieren kann. Die beiden PCs schreibt er jeweils auf die betriebsgewöhnliche Nutzungsdauer von drei Jahren ab. Außerdem hatte er weitere Aufwendungen von insgesamt 3.500 €.

Lösung:

M muss die gesamten Betriebseinnahmen angeben, darf diese aber um die anteiligen Betriebsausgaben mindern.

	€
Einnahmen	40.000,00
./. Aufwendungen Arbeitszimmer	1.800,00
./. Abschreibungen 2 PCs = 2 x 2.000	4.000,00
./. sonstige betriebliche Aufwendungen	3.500,00
Einkünfte aus Gewerbebetrieb	30.700,00

Der Gewinn aus dieser Tätigkeit unterliegt bei Einzelunternehmern und Gesellschaftern von Personengesellschaften (GbR,

OHG, KG) der Einkommensteuer und bei juristischen Personen (GmbH, AG) der Körperschaftsteuer.

Hinzu kommt in beiden Fällen die Gewerbesteuer.

Zu bilanziellen Gesichtspunkten des Minings vgl. **Kapitel 13: Bilanzielle Aspekte und Gewinnermittlung**

Gewerbesteuerlich gehören die Gewinne und Verluste aus dem Bitcoin-Handel in den Gewerbeertrag. Eine besondere Freistellung oder Hinzurechnung ist in diesen Fällen mangels separater gesetzlicher Regelung vorerst nicht ersichtlich.

Somit ist der nach den Vorschriften des Einkommensteuergesetzes oder des Körperschaftsteuergesetzes zu ermittelnde Gewinn aus Gewerbebetrieb dann auch voll gewerbesteuerpflichtig.

Kapitel 11: Schenkung und Schenkungsteuer

(Joerg Andres)

1. Grundlegendes zur Schenkungsteuer

Im Zeitalter der Kryptowährungen müssen Geschenke nicht zwangsläufig nur in Form herkömmlicher Wertgegenstände oder von anerkannten Zahlungsmitteln daherkommen.

Wie sieht es also bei Schenkungen von Bitcoins oder anderen Kryptowährungen aus?

Die Besteuerung von Schenkungsvorgängen erfolgt nach dem Erbschaft- und Schenkungsteuergesetz.

Dieses dient dazu, alle unentgeltlichen Vorgänge, die der Gesetzgeber für besteuerungswürdig („steuerbar") hält, immer dann zu einer Schenkung- oder Erbschaftsteuer heranzuziehen, wenn bestimmte Grenzen der Zuwendung innerhalb eines bestimmten zeitlichen Rahmens (in der Regel 10 Jahre) überschritten werden. Die Schenkungsteuer stellt gesetzestechnisch gewissermaßen den Gegenpart zur Erbschaftsteuer dar. Bei der Schenkungsteuer werden unentgeltliche Übertragungsvorgänge unter Lebenden besteuert, während bei der Erbschaftsteuer eine Übertragung von einem Verstorbenen auf einen oder mehrere Rechtsnachfolger (= Erben oder Vermächtnisnehmer) besteuert wird. Letzten Endes versucht der Fiskus dadurch den Wertzuwachs (= „die Bereicherung") bei dem jeweils Begünstigten teilweise wieder abzuschöpfen. Dazu zieht er alle die heran, die an dem jeweiligen Vorgang direkt beteiligt waren. Bei einer Schenkung also den Beschenkten und den Schenker.

Dies hat einen einfachen praktischen Grund:

Der Verstorbene ist nicht mehr in der Lage eine Erbschaftsteuer zu zahlen. Daher wird er im Gesetz nicht als Steuerschuldner aufgeführt.

Der Schenker allerdings sehr wohl. Das hat der Gesetzgeber erkannt und verlässt sich demnach nicht darauf, dass eine entstandene Schenkungsteuer vom Beschenkten auch tatsächlich gezahlt wird oder auch nur werden kann. Der Schenker wird deshalb vom Gesetz von vornherein als Steuerschuldner zur Absicherung der Steuerschuld gleich mit vereinnahmt[41].

Expertenwissen: Steuersubjekte der Schenkungsteuer

§ 20 Steuerschuldner

(1) Steuerschuldner ist der Erwerber, bei einer Schenkung auch der Schenker, (...).

Was aber wird in welcher Höhe besteuert?

Die Berechnungsformel für die Bemessungsgrundlage der Schenkungsteuer ergibt sich aus § 10 ErbStG.

Expertenwissen: Wortlaut des § 10 Abs. 1 ErbStG

(1) Als steuerpflichtiger Erwerb gilt die Bereicherung des Erwerbers, soweit sie nicht steuerfrei ist (§§ 5, 13, 13a, 13c, 13d, 16, 17 und 18) (...).

Diese führt vereinfacht ausgedrückt zu einer Besteuerung von all dem, was letzten Endes beim Beschenkten an Vermögenszuwachs verbleibt, nachdem alles das abgezogen worden ist, was entweder die Schenkung durch erlittene Nachteile von vornherein gemindert hat oder sogar ganz steuerfrei ist.

Oder noch einfacher ausgedrückt lautet die Formel:

---

[41] Vgl. hierzu das Video: Sponsor überlässt Fußballer als Geschenk? http://www.andresrecht.de/sponsor-ueberlaesst-fussballer-als-geschenk/

Expertenwissen: Steuerklassen

Wortlaut § 15 ErbStG:

(1) Nach dem persönlichen Verhältnis des Erwerbers zum Erblasser oder Schenker werden die folgenden drei Steuerklassen unterschieden:

Steuerklasse I:

1.der Ehegatte und der Lebenspartner,

2.die Kinder und Stiefkinder,

3.die Abkömmlinge der in Nummer 2 genannten Kinder und Stiefkinder,

4.die Eltern und Voreltern bei Erwerben von Todes wegen;

Steuerklasse II:

1.die Eltern und Voreltern, soweit sie nicht zur Steuerklasse I gehören,

2.die Geschwister,

3.die Abkömmlinge ersten Grades von Geschwistern,

4.die Stiefeltern,

5.die Schwiegerkinder,

6.die Schwiegereltern,

7.der geschiedene Ehegatte und der Lebenspartner einer aufgehobenen Lebenspartnerschaft;

Steuerklasse III:

alle übrigen Erwerber (...).

Durch die Schenkung erhaltenes Vermögen

./. Belastungen und Auflagen

./. Steuerfreibeträge

Verbleibende sog. Bereicherung

Je nach familiärer Nähe des Schenkers zum Beschenkten ist die günstigste Steuerklasse I, nur die weniger attraktive Steuerklasse II oder sogar nur die ungünstige Steuerklasse III anwendbar.

Die Steuerklassen unterscheiden sich teilweise durch die Höhe der Freibeträge (in Steuerklasse I für Ehegatten/Lebenspartner mit 500.000 € am höchsten, für Kinder immerhin 400.000 € je Kind und Elternteil, in Steuerklassen II und III nur jeweils 20.000 €) und im Übrigen durch die Höhe der Steuersätze (in Steuerklasse I von 7 – 30 Prozent je nach Höhe der Schenkung; in Steuerklasse II von 15 – 43 Prozent und in Steuerklasse III von 30 – 50 Prozent). Die vorgenannten Freibeträge erneuern sich jeweils nach Ablauf eines Zeitraums von zehn Jahren gemäß § 14 ErbStG.

Expertenwissen: Geltungsdauer, Freibeträge + Steuersätze bei Schenkungen

§ 14 Berücksichtigung früherer Erwerbe

(1) Mehrere innerhalb von zehn Jahren von derselben Person anfallende Vermögensvorteile werden in der Weise zusammengerechnet, daß dem letzten Erwerb die früheren Erwerbe nach ihrem früheren Wert zugerechnet werden. Von der Steuer für den Gesamtbetrag wird die Steuer abgezogen, die für die früheren Erwerbe nach den persönlichen Verhältnissen des Erwerbers und auf der Grundlage der geltenden Vorschriften zur Zeit des letzten Erwerbs zu erheben gewesen wäre. Anstelle der Steuer nach Satz 2 ist die tatsächlich für die in die Zusammenrechnung einbezogenen früheren Erwerbe zu entrichtende Steuer abzuziehen, wenn diese höher ist. Die Steuer, die sich für den letzten Erwerb ohne Zusammenrechnung mit früheren Erwerben ergibt, darf durch den Abzug der Steuer nach Satz 2 oder Satz 3 nicht unterschritten werden. Erwerbe, für die sich nach den steuerlichen Bewertungsgrundsätzen kein positiver Wert ergeben hat, bleiben unberücksichtigt.

(...)

§ 16 ErbStG

(1) Steuerfrei bleibt in den Fällen der unbeschränkten Steuerpflicht (§ 2 Absatz 1 Nummer 1) der Erwerb

1.des Ehegatten und des Lebenspartners in Höhe von 500 000 Euro;

2.der Kinder im Sinne der Steuerklasse I Nr. 2 und der Kinder verstorbener Kinder im Sinne der Steuerklasse I Nr. 2 in Höhe von 400 000 Euro;

3.der Kinder der Kinder im Sinne der Steuerklasse I Nr. 2 in Höhe von 200 000 Euro;

4.der übrigen Personen der Steuerklasse I in Höhe von 100 000 Euro;

5.der Personen der Steuerklasse II in Höhe von 20 000 Euro;

6.(weggefallen)

7.der übrigen Personen der Steuerklasse III in Höhe von 20 000 Euro (...)

Zur Veranschaulichung dienen die folgenden Beispiele.

Beispiel: Schenkung unter Freunden

Der 22-jährige Tokenexperte T hat frühzeitig mit Bitcoins gehandelt und einen Bestand von immerhin 20 Coins aufgebaut. Als am 16.12.2017 der Bitcoin kurzzeitig eine Bewertung von 15.000 € aufweist, eröffnet er eine neue Wallet, auf die er 1,5 seiner Bitcoins transferiert, und zwar:

> auf seinen eigenen Namen, um seine Freundin F zu beschenken, ohne dass diese zu diesem Zeitpunkt davon erfährt. Als F am 18.01.2018 davon erfährt, ist sie zwar einverstanden, ein Bitcoin ist dann allerdings nur noch 9.000 € wert, die neue Wallet hat also nur noch einen Bestand von insgesamt 13.500 €.

Lösung:
Hier wird die Schenkung von T an F am 16.12.2017 noch nicht vollzogen, da F zu diesem Zeitpunkt noch nichts von dem Schenkungsangebot des T weiß. Erst am 18.01.2018 wird die Schenkung vollzogen. F gehört in Bezug auf T der Steuerklasse III (Nichtverwandte) an. Für diese gilt ein Freibetrag von 20.000 €. Zum Zeitpunkt des Vollzugs der Schenkung ist der Bitcoinbestand auf der Wallet aber weniger als 20.000 € wert, so dass dadurch keine Schenkungsteuer entsteht.

Abwandlung a):
T richtet die neue Wallet am Vormittag des 16.12.2017 mit einem Bitcoinbestand von 1,5 auf seinen eigenen Namen ein, um F zu beschenken. Eine Stunde später erzählt er F bereits davon.
F ist begeistert und lässt sich die Zugangsdaten noch am gleichen Tag geben.

Lösung Abwandlung a):
Hier wird die Schenkung von T an F bereits am 16.12.2017 vollzogen, da F zu diesem Zeitpunkt von dem Schenkungs-

angebot des S weiß und dieses annimmt. Die Tatsache, dass die Wallet zunächst auf den T eröffnet wurde, ist irrelevant, da T die Wallet „für F" innehat und diese damit einverstanden ist. Mit der Zugänglichmachung der Wallet für F wird der Übergang der Verfügungsmacht an der Wallet auf F dokumentiert und ihr das Eigentum an dem Bitcoinbestand verschafft. Da der Bitcoinbestand auf der neuen Wallet am 16.12.2017 insgesamt 22.500 € wert ist, wird die Schenkung nur insoweit steuerpflichtig, wie ein überschießender Betrag festzustellen ist, hier also (22.500 € – 20.000 € = 2.500 €). Da F in Bezug auf T der Steuerklasse III angehört, wird der Betrag von 2.500 € mit 30 Prozent = 750 € durch Schenkungsteuer belastet. Der Sockelbetrag von 20.000 € bleibt hingegen steuerfrei.

Abwandlung b):

T richtet die neue Wallet am Vormittag des 16.12.2017 mit einem Bitcoinbestand von 1,5 auf den Namen der F ein, um sie zu beschenken, ohne dass diese zu diesem Zeitpunkt davon erfährt. Als F am 18.01.2018 davon erfährt, ist sie zwar einverstanden, der Bitcoinbestand auf der Wallet ist dann allerdings nur noch 13.500 € wert.

Lösung Abwandlung b):

Wie im Ausgangsfall weiß F im Dezember 2017 von der beabsichtigten Schenkung des T noch nichts. Sie kann diese daher auch noch nicht annehmen. Der Vollzug der Schenkung im Januar 2018 löst dann keine Schenkungsteuerpflicht aus, da der geschenkte Bitcoinbestand unter der Wertgrenze von 20.000 € bleibt.

Abwandlung c):

T richtet die neue Wallet am Vormittag des 16.12.2017 mit einem Bitcoinbestand von 1,5 auf den Namen der F mit deren Wissen ein. F lässt sich die Zugangsdaten noch am gleichen Tag geben.

Lösung Abwandlung c):

Wie in Abwandlung a), wobei F hier ab dem Zeitpunkt der Schenkungsannahme alleinige Eigentümerin und zugleich alleinige Besitzerin der Wallet geworden ist.

Beispiel: Schenkungen von Elternteil an Kind

Vater V hat frühzeitig mit Bitcoins gehandelt und einen Bestand von immerhin 200 Coins aufgebaut.

Als am 16.12.2017 der Bitcoin kurzzeitig eine Bewertung von 15.000 € aufweist, eröffnet er eine neue Wallet auf die er 30 seiner Bitcoins (Wert: 30 x 15.000 € = 450.000 €) transferiert und zwar:

> auf seinen eigenen Namen, um seinen 21-jährigen Sohn S zu beschenken, ohne dass dieser zu diesem Zeitpunkt davon erfährt. Als S am 18.01.2018 davon erfährt, ist er zwar einverstanden, jeder der 20 Bitcoins ist dann allerdings nur noch 9000 € (30 x 9.000 € = 270.000 €) wert.

Lösung:

Hier wird die Schenkung von V an S am 16.12.2017 noch nicht vollzogen, da S zu diesem Zeitpunkt noch nichts von dem Schenkungsangebot des V weiß. Erst am 16.01.2018 wird die Schenkung vollzogen. S gehört in Bezug auf V der Steuerklasse I an. Für S gilt ein Freibetrag von 400.000 €. Zum Zeitpunkt des Vollzugs der Schenkung sind die Bitcoins mit 270.000 € aber deutlich weniger als 400.000 € wert, so dass dadurch keine Schenkungsteuer entsteht.

Abwandlung a): auf seinen eigenen Namen, um S zu beschenken, mit dessen Wissen. S ist damit einverstanden und lässt sich die Zugangsdaten noch am gleichen Tag geben.

Lösung Abwandlung a):

Hier wird die Schenkung von V an S bereits am 16.12.2017 vollzogen, da S zu diesem Zeitpunkt von dem Schenkungsangebot des V weiß und dieses annimmt. Die Tatsache, dass die Wallet auf den V eröffnet wurde, ist irrelevant, da V die Wallet „für S" innehat und dieser damit einverstanden ist. Mit der Zugänglichmachung der Wallet für S wird der Übergang der Verfügungsmacht an der Wallet auf S dokumentiert und ihm das Eigentum an den Bitcoins verschafft. Da die Bitcoins am 16.12.2017 mehr als 400.000 € wert sind, wird die Schenkung nur insoweit steuerpflichtig, wie ein überschießender Betrag festzustellen ist, hier also (450.000 € − 400.000 € =) 50.000 €. Da S in Bezug auf V der Steuerklasse I angehört, wird der Betrag von 50.000 € mit 7 Prozent = 3.500 € durch Schenkungsteuer belastet. Der Sockelbetrag von 400.000 € bleibt hingegen vollständig steuerfrei.

Abwandlung b): auf den Namen des S, um diesen zu beschenken, ohne dass dieser zu diesem Zeitpunkt davon erfährt. Als S am 18.01.2018 davon erfährt, ist er zwar einverstanden, jeder einzelne Bitcoin ist dann allerdings nur noch 9.000 € wert.

Lösung Abwandlung b):
Wie im Grundfall, da S im Dezember von der beabsichtigten Schenkung des V noch nichts weiß und diese daher auch noch nicht annehmen kann. Der Vollzug der Schenkung im Januar 2018 ist dann insoweit unschädlich, als keine Schenkungsteuer entsteht.

Abwandlung c): auf den Namen des S, um diesen zu beschenken, mit dessen Wissen. S ist damit einverstanden und lässt sich die Zugangsdaten noch am gleichen Tag geben.

Lösung Abwandlung c):
Wie in der Abwandlung a), wobei S hier ab dem Zeitpunkt der Schenkungsannahme alleiniger Eigentümer und zugleich alleiniger Besitzer der Wallet geworden ist.

Zusätzliche Vorsicht ist in folgender Konstellation geboten:

Ist der S im Grundfall und in der Abwandlung c) allerdings noch minderjährig, kann das Finanzamt bereits im Dezember 2017 von dem Vollzug der Schenkung ausgehen, da in diesem Fall die Schenkung für den Minderjährigen ausschließlich vorteilhaft ist und daher grundsätzlich bereits ab dem Zeitpunkt der Einrichtung der Wallet als vollzogen angesehen werden kann, da der Erziehungsberechtigte V mit der Schenkung einverstanden war und diese – für den S – angenommen hat.

Allenfalls im Grundfall könnte der Vater bei ungünstiger Beurteilung dann später noch argumentieren, dass die Eröffnung der Wallet auf seinen eigenen Namen dokumentiere, dass gerade noch keine Schenkung vollzogen werden sollte.

Ergänzender Hinweis:
Bei der **Schenkung in umgekehrter Richtung**, also von einem Kind an einen Elternteil, beträgt der Freibetrag allerdings nur jeweils 20.000 €, während er bei einer Erbschaft eines Elternteils von einem vorverstorbenen Kind immerhin 100.000 € beträgt.

2. Grundlegende Arten der Schenkung

Im Steuerrecht wird – anders als im Zivilrecht – bei Schenkungen noch erheblich weiter differenziert[42].
Neben der herkömmlichen Schenkung – nennen wir sie zur Veranschaulichung einmal „aktive" Schenkung, bei der Gegenstände oder Geld (bis hin zu Bitcoins) unentgeltlich vom einen auf den anderen übertragen werden – gibt es auch Schenkungen, die gleichsam „passiv" daherkommen, weil der Übertragungsvorgang für den Laien nur teilweise – wenn überhaupt – ersichtlich ist.

---

[42] Zu Fragen des Schenkungsteuerrechts bei der Entstehung neuer Coins durch einen Hard Fork vgl. Klaus Himmer, Soft und Hard Forks: Was sind die wirtschaftlichen und steuerrechtlichen Auswirkungen? https://cryptotax.io/soft-und-hard-forks-was-sind-die-wirtschaftlichen-und-steuerrechtlichen-auswirkungen/

Beispiel:

Vater V leiht seinem Sohn S am 16.01.2018 vorübergehend 25 Bitcoins (Zeitwert: 25 x 10.000 € = 250.000 €) für einen Zeitraum von zwölf Monaten mit der Maßgabe aus, dass S die Bitcoins nach Ablauf des Jahres wieder auf V überträgt.

Nach elf Monaten und 29 Tagen einigen sich die beiden darauf, dass V auf die Rückübertragung verzichtet. Der Wert eines Bitcoins beträgt zu diesem Zeitpunkt (fiktiv) 30.000 €, die 25 Bitcoins zusammen also 750.000 €.

Lösung:

Auch der bloße Verzicht auf die Rückforderung der Bitcoins ist eine Schenkung. Maßgebend für die Bewertung der Höhe der Schenkung ist also nicht der Wert zum Zeitpunkt der erstmaligen Übertragung im Januar 2018, sondern der Wert zu dem Zeitpunkt zu dem das Eigentum an den Bitcoins auf S übergegangen ist, also der Wert im Januar 2019 (25 x 30.000 € = 750.000 €). Dieser liegt oberhalb des Freibetrags von 400.000 €[43], so dass hier eine Schenkungsteuer von (750.000 € - 400.000 € = 350.000 € x Steuersatz von 15 Prozent =) 52.500 € entstehen würde[44].

Dieses Phänomen hängt damit zusammen, dass die Schenkungsteuer – ebenso wie die Erbschaftsteuer, eine streng zeitpunkt- (also stichtags-) bezogene Steuer ist. Der Wert, den der Bitcoin am Tag vor der Schenkung oder am Tag nach der Schenkung jeweils hatte, ist insoweit völlig irrelevant.

Expertenwissen: Bewertungsstichtag

§ 11 ErbStG

Für die Wertermittlung ist, soweit in diesem Gesetz nichts anderes bestimmt ist, der Zeitpunkt der Entstehung der Steuer maßgebend.

---

[43] Der hier zitierte Freibetrag von 400.000 € gemäß § 16 Abs. 1 Nr. 2 ErbStG gilt aktuell im März 2018 in der Bundesrepublik Deutschland. Ob dieser im Jahr 2019 auch noch gelten wird, kann derzeit nicht mit Sicherheit angenommen werden.

[44] Unterstellt, die gesetzlichen Rahmenbedingungen sind identisch mit denen im März 2018.

Maßgebend für die Bewertung ist allein der Tag des Vollzugs der Schenkung.

Diese Maßgabe deckt sich mit der Beurteilung im Erbfall und mit dem Prinzip der Gesamtrechtsnachfolge, die sich aus dem BGB ergibt.

Wichtig dabei ist, dass durch diese strenge Stichtagsbezogenheit enorme faktisch so wahrgenommene „Steuererhöhungen" (bei großem Wertverlust zwischen Erhalt der Schenkung und Zahlung der darauf entfallenden Schenkungsteuer), aber ebenso starke faktische „Steuersenkungen" (bei großem Wertzuwachs zwischen Erhalt der Schenkung und Zahlung der darauf entfallenden Schenkungsteuer) entstehen können.

Während im ersten Fall gegenüber dem Finanzamt noch eine Steuerstundung erreicht werden kann, kann der insoweit glücklich Beschenkte im anderen Fall die Vorteile für sich reklamieren und braucht das Finanzamt an dem nachträglichen Wertzuwachs nicht zu beteiligen.

3. Spezialfall gemischte Schenkung

Zusätzlich zu diesen herkömmlichen Schenkungsfällen kennt das Steuerrecht jedoch auch noch die sog. gemischte Schenkung als steuerliche Besonderheit.

Wird ein Gegenstand zu einem außergewöhnlich günstigen Preis vom einen auf den anderen übertragen, geht das Finanzamt her und teilt diesen Vorgang in zwei einzelne Vorgänge auf:
In einen entgeltlichen und in einen unentgeltlichen.

Dabei unterstellt das Finanzamt, dass der entgeltliche Vorgang lediglich den „Sockel" des Verkaufsgeschäfts darstellt. Der Betrag, der vom Verkäufer nicht eingefordert wird und den Sockelbetrag übersteigt, wird hingegen als „Schenkung" fingiert.

Beispiel:
Sohn S überträgt seinem Freund F am 16.01.2018 zehn Bitcoins (aktueller Wert eines Bitcoins: 10.000 €, Gesamtwert

der zehn Bitcoins somit = 100.000 €) zum Preis von lediglich 60.000 €.

In einem solchen Fall würde das Finanzamt eine entgeltliche Veräußerung von 6/10 jedes einzelnen Bitcoins zum Preis von insgesamt (10 x 6.000 € =) 60.000 € annehmen und zugleich die jeweils anteilige Schenkung von 4/10 jedes einzelnen Bitcoins im Wert von (10 x 4.000 € =) 40.000 € unterstellen.

Mit anderen Worten: Die Finanzverwaltung macht aus einem einheitlichen Vorgang faktisch zwei. Dadurch ist sie in der Lage in diesem Fall eine steuerpflichtige Schenkung von S an F in Höhe von (40.000 € ./. Freibetrag von 20.000 € =) 20.000 € anzunehmen.

Bei einem Steuersatz von 30 Prozent entsteht hier eine Schenkungsteuer von immerhin (20.000 € x 30 Prozent =) 6.000 €.

4. Besonderheiten bei anlassbezogenen Schenkungen

Manchmal kommt es vor, dass in besonderen Lebenssituationen spezielle Geschenke gemacht werden, die einem bestimmten Anlass entspringen. Diese können, müssen aber nicht schenkungsteuerpflichtig sein.

> Expertenwissen: Spezielle Steuerbefreiungen
>
> *§ 13 ErbStG*
>
> *(1) Steuerfrei bleiben*
>
> *(...)*
>
> *12. Zuwendungen unter Lebenden zum Zwecke des angemessenen Unterhalts oder zur Ausbildung des Bedachten;*
>
> *13. (...)*
>
> *14. die üblichen Gelegenheitsgeschenke;*

Beispiele:
   a) Die vermögende Mutter M schenkt ihrer 18-jährigen Tochter T zum hervorragend bestandenen Abitur einen Mittel-

klassewagen im Wert von 20.000 €, nachdem sie nur ein Jahr zuvor – ohne besonderen Grund – bereits einen Betrag von 400.000 € an T geschenkt hatte.

b) Wie in a). Nur diesmal bekommt T anstelle des Pkw einen Bitcoin im Wert von 20.000 € zum Abitur geschenkt.

In Fällen von an sich steuerpflichtigen Schenkungen, in denen kein oder kein ausreichender Freibetrag (hier: aus § 16 Abs. 1 Nr. 2 ErbStG i.H.v. 400.000 €) mehr zur Verfügung steht, vom Finanzamt aber eine Schenkungsteuer verlangt wird, gibt es ggf. in der Praxis noch einen Ausweg:

Das Gesetz sieht in § 13 ErbStG eine Reihe von sog. anlassbezogenen Schenkungen vor, die ganz oder teilweise steuerbefreit sein können.

In Fällen wie dem hier geschilderten ist es zwar fraglich, ob die Schenkung eines Pkw – oder eines Bitcoin – zum Zwecke des angemessenen Unterhalts oder zur Ausbildung des Bedachten tatsächlich geeignet ist. Verhält es sich aber so, dass in der betreffenden Familie jedenfalls anlassbezogen zum bestandenen Abitur (ähnliche Fälle: Geschenke anlässlich der Hochzeit, der Geburt eines Kindes, eines runden Geburtstags oder der Silberhochzeit) in der Regel ein neuer Pkw oder gar eine Eigentumswohnung geschenkt wird, kann ein solches Geschenk – auch wenn es sich um Coins aus Kryptowährungen handelt – dennoch steuerfrei bleiben. Maßgebend sind hier die jeweils individuellen Verhältnisse, die gegenüber dem Finanzamt entsprechend nachzuweisen sind.

Und das Beste daran ist: Auch wenn ein solches Geschenk zu einem Zeitpunkt zugewendet wird, zu dem der Freibetrag aus § 16 ErbStG noch nicht vollständig verbraucht ist (innerhalb der Zehn-Jahres-Frist des § 14 ErbStG), wird der Wert der Schenkung von dem Freibetrag des § 16 nicht abgezogen und mindert diesen somit nicht.

Mit anderen Worten:
Die anlassbezogene Schenkung kann unabhängig von der Nutzung des 400.000 €-Freibetrages erfolgen und ist trotzdem schenkungsteuerbefreit!

5. Offenlegungsverpflichtungen nach erfolgter Schenkung in Auslandsfällen

Erfolgt eine Schenkung nicht innerhalb Deutschlands, sondern außerhalb des deutschen Hoheitsgebietes wird oft fälschlich vermutet, die steuerliche Relevanz einer solchen Schenkung werde sich jedenfalls spätestens nach Ablauf von zehn Jahren von selbst erledigen.

Dies ist eine krasse Fehlvorstellung, die zu erheblichen steuerlichen und strafrechtlichen Risiken für die Betroffenen führen kann.

Dazu folgende Beispiele:

a) Der verwitwete Vater V aus Düsseldorf unterhält seit 1996 im Ausland (Schweiz) ein Konto mit einem Bestand von 2.000.000 € legal erworbenem Vermögen bei der UU-UPS-Bank. Bereits im Jahre 2002 hat er seinem damals 20-jährigen Sohn S davon 800.000 € auf ein für den S eröffnetes neues Konto bei der gleichen Bank transferiert. S hat damals die Kontokarte, auf der er als Kontoinhaber geführt wird, eigenhändig vor Ort unterzeichnet, weil er sich über das neue Konto und das hohe Guthaben gefreut hat. Beide haben über die Jahre keine Zinsen auf die Kontoguthaben erhalten. Im Januar 2018 taucht in Nordrhein-Westfalen eine neue Steuer-CD auf, die vielfältige Daten der UU-UPS-Bank enthält. Auch solche zu den Konten von V und S. Beide überlegen, ob sie eine Selbstanzeige abgeben sollen und entscheiden sich dagegen, weil sie davon ausgehen, dass mangels Zinseinkünften keine Nacherklärungspflicht bestehe und daher alles „verjährt" sein müsse.

b) Wie sieht es aus, wenn V dem S im Jahre 2016 Bitcoins im Wert von 800.000 € von einer ausländischen Wallet auf eine auf den Namen des S eingerichtete andere ausländische Wallet übertragen hat, ohne diesen Vorgang gegenüber dem deutschen Finanzamt angegeben zu haben?

In den Fällen a) und b) hat V dem S jeweils eine nominell im Ausland durchgeführte, aber dennoch grundsätzlich in Deutschland schenkungsteuerpflichtige Schenkung i.H.v. (800.000 € - Freibetrag von 400.000 € =) 400.000 € gemacht, da schenkungsteuerlich das sog. Welteinkommensprinzip gilt. Danach wird jeder, der zum Zeitpunkt der Ausführung der Schenkung seinen Wohnort oder gewöhnlichen Aufenthalt in Deutschland hat, als „Inländer" – und somit faktisch als „Deutscher" im Sinne des ErbStG – angesehen. Dies gilt unabhängig von der Staatsangehörigkeit.

Die Frage, wie lange die Finanzämter auf einen solchen Vorgang Schenkungsteuer erheben können, richtet sich nach Beginn und Ende der sog. Festsetzungsfrist.

Expertenwissen: Festsetzungsfrist

§ 169 Abgabenordnung

(1) Eine Steuerfestsetzung sowie ihre Aufhebung oder Änderung sind nicht mehr zulässig, wenn die Festsetzungsfrist abgelaufen ist. (...)

(2) Die Festsetzungsfrist beträgt:

1. (...),

2. vier Jahre für Steuern und Steuervergütungen, (...).

Die regelmäßige Festsetzungsfrist von vier Jahren verlängert sich jedoch auf zehn Jahre, soweit eine Steuer hinterzogen, und immerhin noch auf fünf Jahre, soweit sie nur leichtfertig verkürzt worden ist. Dies gilt auch dann, wenn die Steuerhinterziehung oder leichtfertige Steuerverkürzung nicht durch den Steuerschuldner oder eine Person begangen worden ist, deren er sich zur Erfüllung seiner steuerlichen Pflichten bedient, es sei denn, der Steuerschuldner weist nach, dass er durch die Tat keinen Vermögensvorteil erlangt hat und dass sie auch nicht darauf beruht, dass er die im Verkehr erforderlichen Vorkehrungen zur Verhinderung von Steuerverkürzungen unterlassen hat.

Damit die Festsetzungsfrist ablaufen kann, muss sie zunächst einmal anlaufen. Dieses Phänomen ist bei der Schenkungsteuer sehr speziell ausgestaltet, weil das Gesetz hier eine faustdicke Überraschung bereithält:

Die schenkungsteuerliche Festsetzungsfrist fängt bei einer dem Finanzamt nicht angezeigten und dort auch nicht bekannt gewordenen Schenkung erst im Jahr des Todes des Schenkers an zu laufen.

Mit anderen Worten: Die Festsetzungsfrist greift bei fehlender Anzeige faktisch jeweils erst im Erbfall.

Expertenwissen: Beginn der Festsetzungsverjährung bei Schenkungen

§ 170 Abgabenordnung

(1) Die Festsetzungsfrist beginnt mit Ablauf des Kalenderjahrs, in dem die Steuer entstanden ist oder eine bedingt entstandene Steuer unbedingt geworden ist.

(2) Abweichend von Absatz 1 beginnt die Festsetzungsfrist, wenn

(…)

(5) Für die Erbschaftsteuer (Schenkungsteuer) beginnt die Festsetzungsfrist nach den Absätzen 1 oder 2

1. bei einem Erwerb von Todes wegen nicht vor Ablauf des Kalenderjahrs, in dem der Erwerber Kenntnis von dem Erwerb erlangt hat,

2. bei einer Schenkung nicht vor Ablauf des Kalenderjahrs, in dem der Schenker gestorben ist oder die Finanzbehörde von der vollzogenen Schenkung Kenntnis erlangt hat,

---

Im Beispielsfall a) ist demnach ebenso wie im Fall b) die Festsetzungsverjährung noch gar nicht angelaufen, weil die Schenkung bislang jeweils weder angezeigt, noch dem Finanzamt anderweitig bekannt geworden ist.

Aus der aus einer Steuer-CD ersichtlichen Existenz eines Auslandskontos wie im Fall a) ist im Zweifel noch nicht zwangsläufig ein Schenkungsvorgang ablesbar. Dennoch kann es fraglich sein, ob in diesem Fall eine Selbstanzeige – die sowohl von V, als auch von S abzugeben wäre, weil beide Steuerschuldner sind – noch wirksam möglich ist.

Dazu mehr im **Kapitel 16: Steuerstrafrechtliche Aspekte**

Auch hat der fehlende Anfall von Zinsen wie in Fall a), der in einkommensteuerlichem Zusammenhang zu würdigen ist, nichts mit einer bestehenden Erklärungsverpflichtung in Bezug auf die Schenkungsteuer zu tun.

Im Fall b) wäre die Festsetzungsverjährung noch nicht einmal dann eingetreten, wenn diese bereits angelaufen wäre, weil auch die Festsetzungsfrist von vier Jahren noch nicht einmal vollendet ist.

Die Schenkungsteuer kann also in beiden Fällen vom Finanzamt ohne Weiteres noch erhoben werden.

Expertenwissen: Anzeigepflichten bei Schenkungen und Erbschaften

§ 30 ErbStG

(1) Jeder der Erbschaftsteuer unterliegende Erwerb (§ 1) ist vom Erwerber, bei einer Zweckzuwendung vom Beschwerten binnen einer Frist von drei Monaten nach erlangter Kenntnis von dem Anfall oder von dem Eintritt der Verpflichtung dem für die Verwaltung der Erbschaftsteuer zuständigen Finanzamt schriftlich anzuzeigen.

(2) Erfolgt der steuerpflichtige Erwerb durch ein Rechtsgeschäft unter Lebenden, ist zur Anzeige auch derjenige verpflichtet, aus dessen Vermögen der Erwerb stammt.

> (3) Einer Anzeige bedarf es nicht, wenn der Erwerb auf einer von einem deutschen Gericht, einem deutschen Notar oder einem deutschen Konsul eröffneten Verfügung von Todes wegen beruht und sich aus der Verfügung das Verhältnis des Erwerbers zum Erblasser unzweifelhaft ergibt; das gilt nicht, wenn zum Erwerb Grundbesitz, Betriebsvermögen, Anteile an Kapitalgesellschaften, die nicht der Anzeigepflicht nach § 33 unterliegen, oder Auslandsvermögen gehört. Einer Anzeige bedarf es auch nicht, wenn eine Schenkung unter Lebenden oder eine Zweckzuwendung gerichtlich oder notariell beurkundet ist.
>
> (4) Die Anzeige soll folgende Angaben enthalten:
>
> 1. Vorname und Familienname, Identifikationsnummer (§ 139b der Abgabenordnung), Beruf, Wohnung des Erblassers oder Schenkers und des Erwerbers;
>
> 2. Todestag und Sterbeort des Erblassers oder Zeitpunkt der Ausführung der Schenkung;
>
> 3. Gegenstand und Wert des Erwerbs;
>
> 4. Rechtsgrund des Erwerbs wie gesetzliche Erbfolge, Vermächtnis, Ausstattung;
>
> 5. persönliches Verhältnis des Erwerbers zum Erblasser oder zum Schenker wie Verwandtschaft, Schwägerschaft, Dienstverhältnis;
>
> 6. frühere Zuwendungen des Erblassers oder Schenkers an den Erwerber nach Art, Wert und Zeitpunkt der einzelnen Zuwendung.

Was die meisten Schenker und Beschenkten buchstäblich gar nicht auf dem Schirm haben, ist die Anzeigeverpflichtung bei Schenkungen, die mit Vollzug einer Schenkung entsteht.

Diese ergibt sich aus § 30 des ErbStG.

Die Anzeigepflicht trifft demnach neben dem Beschenkten auch den Schenker. Auch hier gibt es wieder eine Abweichung gegenüber dem Erbrecht, weil der Erblasser nach seinem Tod begreiflicherweise keine Vermögensübertragung mehr anzeigen kann.

Aufgrund der häufig unterschätzten Anzeigepflichten und dem daraus resultierenden fehlenden Eintritt der Festsetzungsverjährung birgt die Schenkungsteuer somit vielfältige steuerliche Risiken, die sich u.a. in einer nachträglichen Verzinsung einer nicht angezeigten Schenkung zeigen.

Angesichts eines Zinssatzes von 0,5 Prozent pro Monat – also 6,0 Prozent pro Jahr – können nachträglich zur Schenkungsteuer herangezogene Beträge, die Zeiträume von u.U. mehr als 20 Jahren umfassen, den Betrag der eigentlich geschuldeten Schenkungsteuer sogar übertreffen!

Beispiel:
Vater V hat Sohn S im Januar 1998 einen (nach Abzug des damals geltenden Steuerfreibetrages von 205.000 € noch steuerpflichtigen) Betrag von 1.000.000 € geschenkt. Darauf wären damals 19 Prozent Schenkungsteuer, also 190.000 € angefallen. Demnach müssen V und S im Jahre 2018 bei entsprechender Tatentdeckung mit einer Zinsnachzahlung von (11.400 € x 20 =) 228.000 € zusätzlich zu dem eigentlichen Steuerbetrag von 190.000 € rechnen.
Ein Gesamtbetrag von (228.000 € + 190.000 € =) 418.000 € wird insoweit mindestens fällig. Ob und inwieweit im Rahmen eines steuerstrafrechtlichen Verfahrens noch zusätzliche Zahlungen auferlegt werden, ist dann ein separates Thema der strafrechtlichen Würdigung.

Diese Risiken werden vielen Betroffenen erst bei Eintritt eines Erbfalles oder bei Beginn eines steuerstrafrechtlichen Ermittlungsverfahrens bewusst.

Kapitel 12:
Erbschaft und Erbschaftsteuer

(Joerg Andres)

1. Grundsätzliches zu Erbschaft und Erbschaftsteuer

Das Phänomen der Gesamtrechtsnachfolge wurde bereits oben im Kapitel 7 Einkommensteuer dem Grunde nach einmal angesprochen[45].

Das Erbrecht ist im Bürgerlichen Gesetzbuch (BGB), das bereits am 01.01.1900 in Kraft getreten ist, so ausgestaltet, dass unmittelbar im Zeitpunkt des Todes eines Menschen dessen rechtliche Verhältnisse – zumindest vorläufig – eindeutig und umfassend neu geregelt werden, ohne dass es der vorherigen Zustimmung eines Betroffenen bedürfte.

Der Effekt der Gesamtrechtsnachfolge besteht im Wesentlichen darin, dass in der Sekunde des Versterbens des sog. Erblassers dessen Erben zunächst vorläufig an seine Stelle treten, soweit nicht im Einzelnen höchstpersönliche Verhältnisse (z.B. die Ehe oder Lebenspartnerschaft) betroffen sind, die durch den Tod enden.

Expertenwissen: Gesamtrechtsnachfolge im Steuerrecht

Das Pendant zu § 1922 BGB im Steuerrecht ist § 45 AO. Demnach erstreckt sich die Gesamtrechtsnachfolge nicht nur auf die Geldforderungen und -verbindlichkeiten, sondern auch auf steuerliche Erklärungs- und Mitwirkungspflichten, die ebenfalls auf den Erben übergehen.

§ 45 Abgabenordnung

(1) Bei Gesamtrechtsnachfolge gehen die Forderungen und Schulden aus dem Steuerschuldverhältnis auf den Rechtsnachfolger über. Dies gilt jedoch bei der Erbfolge nicht für Zwangsgelder.

(2) Erben haben für die aus dem Nachlass zu entrichtenden Schulden nach den Vorschriften des bürgerlichen Rechts über die Haftung des Erben für Nachlassverbindlichkeiten einzustehen. Vorschriften, durch die eine steuerrechtliche Haftung der Erben begründet wird, bleiben unberührt.

---

[45]   Vgl. zum Thema Erbrecht zur Einführung auch Andres: Heute schon geerbt?, 2013, E-Book, Download bei neobooks, https://www.neobooks.com/ebooks/prof-dr-joerg-andres-heute-schon-geerbt-sogar-schon-gestern--ebook-neobooks-25378

Die bislang unerfüllten Mitwirkungspflichten des Erben gehen auf den Erblasser zurück, von dem er diese geerbt hat:

§ 90 Abgabenordnung

(1) Die Beteiligten sind zur Mitwirkung bei der Ermittlung des Sachverhalts verpflichtet. Sie kommen der Mitwirkungspflicht insbesondere dadurch nach, dass sie die für die Besteuerung erheblichen Tatsachen vollständig und wahrheitsgemäß offenlegen und die ihnen bekannten Beweismittel angeben. Der Umfang dieser Pflichten richtet sich nach den Umständen des Einzelfalls.

(2) Ist ein Sachverhalt zu ermitteln und steuerrechtlich zu beurteilen, der sich auf Vorgänge außerhalb des Geltungsbereichs dieses Gesetzes bezieht, so haben die Beteiligten diesen Sachverhalt aufzuklären und die erforderlichen Beweismittel zu beschaffen. Sie haben dabei alle für sie bestehenden rechtlichen und tatsächlichen Möglichkeiten auszuschöpfen. (...)

Im Einzelnen bedeutet dies aber auch, dass ansonsten erst einmal sämtliche Rechte (das Eigentum an Grundstücken oder sonstigen Wirtschaftsgütern wie z.B. PKW, Kleidung und Haushaltsgegenständen) auf den oder die Rechtsnachfolger uneingeschränkt übergehen. Gleiches gilt auf der anderen Seite aber auch für mögliche Verbindlichkeiten (Tilgung von Schulden, Ausführung von Rückgabeverpflichtungen wie z.B. von ausgeliehenen Gegenständen) oder die Wahrnehmung von Deklarationspflichten. Letztere spielen gerade im steuerlichen Bereich eine erhebliche Rolle.

Während jedem Erben bewusst ist, dass er grundsätzlich verpflichtet ist gegenüber dem Finanzamt eine Erbschaftsteuererklärung abzugeben, wenn dies vom Finanzamt verlangt wird, ist vielen Erben nicht bekannt, dass unter Umständen auch noch weitere Steuererklärungspflichten im Zuge der eingetretenen Erbschaft auf den Erben übergegangen sein können.

Hier können in erster Linie noch laufende Steuererklärungspflichten hinsichtlich der Einkommensteuer in Bezug auf den Erblasser offen sein, die dann der Erbe erfüllen muss.

Beispiel:
Erblasser E, der im Jahre 2017 freiberufliche Einkünfte i.H.v. 440.000 € erzielt hat, verstirbt überraschend am 03.01.2018. Die zugehörige Einkommensteuererklärung für 2017 hat er bis zu seinem Tode weder vorbereitet, noch abgegeben.

Der Alleinerbe A, der ein Vermögen von rund 2,2 Millionen € geerbt hat, muss auf Verlangen nicht nur diesen Erbfall gegenüber dem zuständigen Erbschaftsteuerfinanzamt im Einzelnen erklären, sondern zusätzlich die noch offene Einkommensteuererklärung des Erblassers für das Kalenderjahr 2017 fristgemäß einreichen. Soweit sich daraus dann eine Steuernachzahlung ergeben sollte, ist er zusätzlich verpflichtet, diese gegenüber dem Finanzamt zu leisten.

Seitdem immer wieder durchgeführten Ankauf sog. Steuer-CDs ist vielen Steuerpflichtigen schmerzlich bewusst geworden, dass über viele Jahre hindurch unterlassene Steuerdeklarationspflichten nicht unbegrenzte Zeit nachträglich noch straffrei nachgeholt werden können.

Wenn jedoch der jeweils Steuerpflichtige bereits verstorben ist, bevor derartige „Deklarations-Altlasten" noch aufgearbeitet worden sind, gehen diese Steuererklärungspflichten im Zuge des Antritts einer Erbschaft ebenfalls auf den oder die Erben über.

Beispiel:
Der verwitwete Erblasser E, der ein Nummernkonto in der Schweiz mit von ihm dort gehortetem Schwarzgeld i.H.v. 1,8 Millionen € über einen Zeitraum von 20 Jahren unterhalten hat, ist im Januar 2018 überraschend verstorben. Seine beiden Kinder A und B erben zu gleichen Teilen sein Vermögen. Von dem Auslandskonto wissen sie bei Antritt der Erbschaft jeweils noch nichts, finden jedoch zwei Wochen nach dem Tod des E in dessen Schreibtisch einen Hinweis auf das Konto. Auf entsprechende Nachforschungen hin erfahren sie von dem hohen Kontostand in der Schweiz.

In einem solchen Fall sind die Erben ebenfalls verpflichtet, neben der erforderlichen Erbschaftsteuererklärung auch das Auslands-schwarzgeld nebst den gegebenenfalls zusätzlich aufgelaufenen Zinsen (abzüglich der Werbungskosten wie z.B. Kontoführungs-gebühren) gegenüber dem bundesdeutschen Finanzamt für einen Zeitraum von in der Regel zehn Jahren (muss in jedem Einzelfall separat geprüft werden) schnellstmöglich nachzuerklären.

Mehr dazu im **Kapitel 16: Steuerstrafrechtliche Aspekte**

Wenngleich die beiden Erben von der Existenz des Kontos erst nach dem Tod des E erfahren haben, ändert dies nichts daran, dass bereits ab dem Todeszeitpunkt der Kontobestand den bei-den Erben einkommensteuerrechtlich jeweils zugerechnet wird.

Je länger die Erben also ab dem Zeitpunkt der Kenntniserlan-gung von diesem Auslandskonto und dem darauf befindlichen Bestand mit einer Nacherklärung gegenüber dem zuständigen Finanzamt warten, desto größer wird für beide das Risiko, wegen zumindest versuchter Steuerhinterziehung steuerstrafrechtlich empfindlich belangt zu werden.

Wichtig ist in diesem Zusammenhang, dass die Nacherklärung vollständig, d.h. unter Offenlegung aller zur Aufklärung relevan-ter Informationen für die nachzuerklärenden Zeiträume, erfolgt. Nur in diesem Falle geht das Finanzamt dann von einer insoweit strafbefreienden Selbstanzeige im Sinne von § 371 AO aus.

Selbst wenn die Erben die steuerlichen Deklarationspflichten des Erblassers einwandfrei dokumentiert nachholen, verbleibt für diese jedoch noch immer ein erhebliches Risiko:

Je nach der Größe der zu leistenden Steuernachzahlung kommt es nicht gar so selten vor, dass der ererbte Nachlass nicht (mehr) ausreicht, um die Verbindlichkeiten daraus voll-ends abzudecken. Ein einfaches Beispiel dazu ergibt sich, wenn sich nahezu ausschließlich Wertgegenstände im Nachlass befinden, die zum Zeitpunkt des Todes des Erblassers extrem werthaltig waren – z.B. Aktien oder Bitcoins – zum Zeitpunkt der fälligen Steuerzahlung aber stark an Wert verloren haben und dann zum Zweck der Steuerzahlung auch noch verkauft werden müssen.

In Fällen eines überschuldeten Nachlasses wird die Erbenhaftung besonders schmerzlich zur Kenntnis genommen.

Expertenwissen: Erbenhaftung

§ 1967 BGB

(1) Der Erbe haftet für die Nachlassverbindlichkeiten.

(2) Zu den Nachlassverbindlichkeiten gehören außer den vom Erblasser herrührenden Schulden die den Erben als solchen treffenden Verbindlichkeiten, insbesondere die Verbindlichkeiten aus Pflichtteilsrechten, Vermächtnissen und Auflagen.

Auch gravierende Steuernachzahlungsverbindlichkeiten, die manchmal erst Jahre später zu Tage treten, können genauso wie positives Vermögen geerbt werden. Diese sind dann erforderlichenfalls aus dem eigenen Vermögen des Erben zu bedienen oder müssen u.U. sogar durch Aufnahme von Krediten abgetragen werden, wenn keine Nachlassinsolvenz beantragt werden kann.

§ 2058 BGB

Die Erben haften für die gemeinschaftlichen Nachlassverbindlichkeiten als Gesamtschuldner.

Diese weitreichende Haftungsgrundlage bemerken viele Betroffene erst nachdem die Erbausschlagungsfrist von lediglich sechs Wochen bereits verstrichen ist.

Oft herrscht auch das Missverständnis vor, man habe die Erbschaft ja nicht angenommen, daher brauche man sie auch nicht auszuschlagen.

Tatsache ist, dass die Erbschaft auf den oder die Erben im Moment des Todes des Erblassers bereits übergeht und zwar unabhängig davon, ob dem oder den Erben dies zu diesem Zeitpunkt bewusst ist oder nicht.

Wäre es anders, so würde ein Rechtsnachfolgevakuum entstehen, innerhalb dessen der Nachlass praktisch herrenlos wäre. Dies wollte der Gesetzgeber vermeiden und hat deswegen die Gesamtrechtsnachfolge an den Zeitpunkt des Todes des Erblassers geknüpft.

Expertenwissen: Erbanfall und -ausschlagung

§ 1942 BGB

(1) Die Erbschaft geht auf den berufenen Erben unbeschadet des Rechts über, sie auszuschlagen (Anfall der Erbschaft).

(2) Der Fiskus kann die ihm als gesetzlichem Erben angefallene Erbschaft nicht ausschlagen.

Im Falle einer „Bitcoin-Erbschaft" kann dieses Thema also eine große Relevanz gewinnen.

Beispiel:
Sohn S hat von Erblasser E im Dezember 2017 einen gebrauchten Pkw im Wert von 20.000 € und Bargeld i.H.v. 30.000 € geerbt.

Erst zwei Jahre später entdeckt S zufällig den Zugang zu einer Wallet. Als er diese sichtet, stellt er fest, dass dort noch ein Bestand von 20 Bitcoins vorhanden ist, der aktuell noch einen Wert i.H.v. nur noch 5.000 € hat, weil der Bitcoin mittlerweile völlig unattraktiv geworden ist. S denkt sich zunächst nichts weiter dabei.

Als er seinen Steuerberater auf seine Entdeckung anspricht, fragt der sogleich nach dem Wert des Bitcoins zum Zeitpunkt des Erbfalls. Damals aber hatte der Bestand einen Wert von 2.000.000 €.

Der Steuerberater rechnet S dann vor: Nach Abzug des Freibetrages von 400.000 € bleibt ein steuerpflichtiger Erwerb von immerhin noch 1.650.000 €. Bei einem Steuersatz von 19 Prozent bedeutet dies eine von ihm noch zu entrichtende Erbschaftsteuer von immerhin 313.500 €. Hinzu kommen noch Zinsen i.H.v. 0,5 Prozent pro Monat.

E ist entsetzt und möchte die Erbschaft daraufhin anfechten. Ob dies gelingt, hängt vom Einzelfall ab und muss jeweils genau geprüft und ggf. mit juristischen Mitteln durchgesetzt werden[46].

Expertenwissen: Anfechtung der Erbschaft

§ 1949 BGB

(1) Die Annahme gilt als nicht erfolgt, wenn der Erbe über den Berufungsgrund im Irrtum war.

(2) Die Ausschlagung erstreckt sich im Zweifel auf alle Berufungsgründe, die dem Erben zur Zeit der Erklärung bekannt sind.

§ 1954 BGB

(1) Ist die Annahme oder die Ausschlagung anfechtbar, so kann die Anfechtung nur binnen sechs Wochen erfolgen.

(2) Die Frist beginnt im Falle der Anfechtbarkeit wegen Drohung mit dem Zeitpunkt, in welchem die Zwangslage aufhört, in den übrigen Fällen mit dem Zeitpunkt, in welchem der Anfechtungsberechtigte von dem Anfechtungsgrund Kenntnis erlangt. Auf den Lauf der Frist finden die für die Verjährung geltenden Vorschriften der §§ 206, 210, 211 entsprechende Anwendung.

(3) Die Frist beträgt sechs Monate, wenn der Erblasser seinen letzten Wohnsitz nur im Ausland gehabt hat oder wenn sich der Erbe bei dem Beginn der Frist im Ausland aufhält.

(4) Die Anfechtung ist ausgeschlossen, wenn seit der Annahme oder der Ausschlagung 30 Jahre verstrichen sind.

Bei einer Erbschaft ist die Steuerschuldnerschaft jedenfalls abweichend von der bei einer Schenkung geregelt, bei der der Schenker für die Schenkungsteuer mit einzustehen hat (→ vgl. oben **Kapitel 11: Schenkung und Schenkungsteuer**).

Da der Erblasser nach seinem Ableben keine Steuern mehr zahlen kann, können nur noch die Erben oder Vermächtnisnehmer als Schuldner der Erbschaftsteuer herangezogen werden. Davon machen die Finanzämter auch regen Gebrauch.

---

[46] Ob ein solcher Irrtum vorliegt oder nicht, hatte z.B. das OLG Schleswig-Holstein im Beschluss vom 31.07.2015 – 3 Wx 120/14, zu entscheiden.

2. Digitaler Nachlass

Mit dem Aufkommen der sozialen Medien und der Nutzung geistigen Eigentums z.B. durch Downloads im Internet sind Datenströme entstanden, deren Zugang durch individuelle und häufig geänderte Zugangscodes reglementiert und beschränkt wird.

Verstirbt ein Nutzer internetbasierter Services wie Facebook, Instagram, i-tunes o.ä. so ist umstritten, ob und inwieweit den Erben der Zugang zu diesen Daten und Informationen gewährt werden muss oder darf.

Die Rede ist in diesem Zusammenhang vom sog. digitalen Nachlass, dessen rechtliche Behandlung im Einzelnen hoch umstritten und über weite Strecken noch nicht abschließend geregelt ist.

Da im Jahre 1900 weder die Rechtsgelehrten, noch das zu diesem Zeitpunkt in Kraft getretene BGB digital nutzbare Daten kannte, konnten spezielle Sachverhalte und Effekte, die sich aus einer solchen Nutzung ergeben, insbesondere für das Erbrecht auch noch nicht berücksichtigt werden. Unabhängig davon besteht aber gerade im Bereich des Erbrechts ein immer größer werdender Regelungsbedarf in Fragen, die das Vererben und das Zugänglichmachen von Daten betreffen.

Zu welchen Auswüchsen eine fehlende Eindeutigkeit gesetzlicher Regelungen führen kann, lässt sich anhand eines noch immer nicht abgeschlossenen Rechtsstreits, bei dem es „nur" um den Zugang zu dem Facebook-Account einer bereits vor dem 18. Lebensjahr verstorbenen Deutschen ging, ablesen.

Die Tatsache, dass der sog. digitale Nachlass insbesondere die Daten umfasst, die ein Verstorbener in den sozialen Medien von Facebook, Twitter & Co. hinterlässt, ist mittlerweile vielen bekannt.

Umstritten war und ist, ob der digitale Nachlass ebenso wie der herkömmliche Nachlass zu behandeln ist oder ob es hier ggf. Differenzierungen geben muss[47]. Dabei spielt ersichtlich auch eine

---

[47] Andres, Digitaler Nachlass: Keine Daten von Facebook & Co., Teil 1, gi 24/17 vom 14.06.2017

Rolle, ob und inwieweit es im Einzelfall ausschließlich um Daten geht, die alleine dem Erblasser zuzuordnen sind oder ob eine Einteilung von Daten im Sinne von eigene Daten / fremde Daten gar nicht immer möglich ist. Dies deswegen, weil zumindest in Fällen des Datenaustauschs mit Dritten – wie in Fällen des Kommentierens oder Teilens von Inhalten auf Facebook – denknotwendig auch die schützenswerten Belange des jeweiligen Dritten, der an der Konversation teilnimmt, zu berücksichtigen sein können.

Derzeit müssen die Gerichte anhand von Einzelfallentscheidungen den Boden für verlässliche Antworten zu Fragen des digitalen Nachlasses bereiten bis der Gesetzgeber sich hier entschließt, selbst tätig zu werden. Wann das sein wird, ist derzeit noch offen.

Im vorliegenden Fall hatte das Landgericht Berlin im Dezember 2015 entschieden, dass die Mutter des minderjährigen verstorbenen Mädchens, die zugleich dessen Erbin geworden war, Anspruch auf einen Zugang zum Facebook-Konto des Kindes habe[48]. Dies wurde u.a. damit begründet, dass das unentgeltliche Vertragsverhältnis zwischen einem Erblasser und Facebook (oder einem anderen Netzwerk) zum erbrechtlichen „Vermögen" i.S.d. § 1922 BGB gehöre und daher im Wege der sog. Gesamtrechtsnachfolge auf den oder die Erben übergehen könne. Eine Besonderheit des Falles lag darin begründet, dass die Tochter noch zu ihren Lebzeiten zur Verhinderung eines Missbrauchs des Accounts der Mutter die Zugangsdaten anvertraut hatte. Nach dem Versterben der Tochter war die Mutter dann nicht sofort tätig geworden. Als sie schließlich den Zugang zu dem Online-Konto nutzen wollte, war ihr dies nicht mehr möglich, weil auf einen Hinweis eines Dritten hin nach dem Tod des Mädchens der Account gesperrt und in einen sog. Gedenkzustand versetzt worden war. Dies geht notwendig mit einer Zugangssperre einher und zwar auch für den Fall, dass man über die Zugangsdaten des Erblassers zu dem Konto verfügt[49].

---

[48] Vgl. hierzu das Video: Digitales Erbe – was ist zu beachten? http://www.andresrecht.de/digitales-erbe-was-ist-zu-beachten/
[49] Andres, a.a.O.

Das nächsthöhere Gericht – das Kammergericht Berlin – hat dann auf die Berufung von Facebook hin am 31.05.2017 genau entgegengesetzt entschieden und dem beklagten Unternehmen Recht gegeben.

Wurde bei der ersten Entscheidung noch darauf abgestellt, dass der digitale Nachlass, der vermögenswerte Positionen wie Musik- oder Bücherdownloads enthalten kann, grundsätzlich ebenso vererbt werden müsse, wie der herkömmliche, hat das Kammergericht in einem umfangreich begründeten Urteil einen bisher schon bekannten Aspekt nun weitaus differenzierter geprüft und diesem zugleich ein deutlich schwereres Gewicht eingeräumt:

Nun soll es zumindest in Fällen, in denen ein Datenaustausch im Rahmen einer sozialen Plattform wie Facebook stattfindet, entscheidend auf einen möglichen Verstoß gegen das Fernmeldegeheimnis ankommen. Insoweit sei der Schutz der Daten der Chat-Partner des Kindes schutzwürdiger als vermeintliche erbrechtliche Ansprüche der Mutter oder deren nicht mehr fortbestehendes Sorgerecht für die Tochter.

Auch auf die Motive der Erbin – hier: herauszufinden, ob ggf. ein Suizid der Tochter vorliege – komme es insoweit nicht an, da dies an der Schutzbedürftigkeit der Kommunikationspartner der Verstorbenen unter datenschutzrechtlichen Gesichtspunkten nichts ändere.

Das Kammergericht betonte, dass die von der Vorinstanz aus dem BGB zitierten Vorschriften (§ 2047 Abs. 2 BGB und § 2373 Satz 2 BGB), die die eigenständige Vererblichkeit höchstpersönlicher Rechtspositionen dokumentieren sollten, lediglich an einen bereits stattgefundenen Erbgang anknüpften und daher keine weitergehenden Rückschlüsse über die Behandlung des digitalen Nachlasses an sich zuließen[50].

---

[50] Vgl. Andres, Digitaler Nachlass: Keine Daten von Facebook & Co. (Teil 2) in: gi 25/17 vom 21.06.2017

Ob und inwieweit Daten, die (auch) den Erblasser betreffen, vererblich sind, gehe aus diesen Vorschriften noch viel weniger hervor.

Tatsache ist: Bei Inkrafttreten des BGB war der Schutz von Daten kein relevantes Thema. Es gibt also noch **keine einschlägige spezialgesetzliche Vorschrift zur Vererblichkeit von Daten.**

Daher hat das Gericht auch eine Revision der Entscheidung an den Bundesgerichtshof zugelassen[51].

Man darf nunmehr gespannt sein, wie der BGH entscheiden wird.

Bis auf Weiteres ist jedenfalls davon auszugehen, dass es ein Recht auf Zugang oder gar auf Herausgabe ererbter Daten jedenfalls in Bezug auf solche, die dem Fernmeldegeheimnis unterfallen, nicht gibt. Selbst wenn die Klägerin den Weg zum Bundesgerichtshof einschlagen sollte, ist nicht ohne Weiteres davon auszugehen, dass der BGH ohne Not – und vor allem ohne spezialgesetzliche Regelung – das Erbrecht zugunsten der Klägerin insoweit ausweiten wird. Derzeit scheint wesentlich wahrscheinlicher, dass der Gesetzgeber sich in einer spürbar alternden und zunehmend immer stärker von Digitalisierung geprägten Gesellschaft in absehbarer Zeit mit dem Thema des digitalen Nachlasses wird beschäftigen und eindeutige Regeln aufstellen müssen.

Daher gilt nach wie vor:

Bei der Regelung der eigenen Vermögensnachfolge sollte in jedem Fall auch der digitale Nachlass bevorzugt berücksichtigt werden. Den größten Schutz bietet hier eine möglichst lücken-

---

[51] Vgl. hierzu auch das Video: Der digitale Nachlass – das Covfefe des Erbrechts? http://www.andresrecht.de/der-digitale-nachlass-das-covfefe-des-erbrechts/

lose Dokumentation von jeweils aktuell benutzten Accounts und Passwörtern. Soweit sich im digitalen Nachlass auch Informationen von wirtschaftlicher Relevanz befinden sollten (z.B. ausschließlich online gespeicherte Rechnungen), bietet es sich an, jedenfalls solche Daten zusätzlich herkömmlich in Form von Ausdrucken oder separat verfügbaren Datenspeicherungen (auf CD oder Festplatte) zu archivieren. Dann kann auch eine Sperrung des Zugangs zum jeweiligen Online-Account den Erben in der Wahrnehmung seiner hinzuerworbenen Rechte und Pflichten nicht nennenswert beeinträchtigen[52].

3. Auswirkungen der aktuellen Rechtslage zum digitalen Nachlass auf die Bitcoin-Besteuerung

Die derzeit herrschende unbefriedigende Rechtslage in Bezug auf die Behandlung des digitalen Nachlasses hat auch Auswirkungen auf die Beurteilung von Fragen, die sich im Zusammenhang mit der jeweils erforderlichen Dokumentation durchgeführter Trades mit z.B. einkommensteuerlicher Auswirkung stellen:

Gelingt es dem Erben, die erforderlichen Zugangsdaten z.B. zu einer Online-Wallet zu erlangen, so wird es ihm zumindest abstrakt möglich sein, den Bestand an Bitcoins und oder anderen Kryptowährungen zu sichern.

Da es sich bei den Bitcoins nicht „nur" um Daten, sondern um Vermögensgegenstände handelt, die wie eine Währung zu behandeln sind, ist der jeweilige Erbe mit dem Eintritt des Todes des Erblassers auch Eigentümer der Bitcoins geworden.

Die strenge Stichtagsbezogenheit bei der Erbschaftsteuer wurde bereits oben in **Kapitel 11: Schenkung und Schenkungsteuer erläutert**. Demnach ist der Erbe unabhängig von seinem eigenen Willen mit dem Tod des Erblassers in dessen Rechtsposition umfassend eingerückt.

Zugleich hat er u.a. die einkommensteuerlichen Deklarationspflichten gegenüber dem Finanzamt geerbt.

---

[52] Andres, Digitaler Nachlass – Keine Daten von Facebook & Co., a.a.O.

Dies gibt jedoch noch keinerlei Auskunft darüber, ob und inwieweit es ihm zusätzlich glückt, die z.B. einkommensteuerlich erforderliche Dokumentation zu liefern, um nachzuweisen, dass erfolgte Veräußerungen von Coins außerhalb der Spekulationsfrist gelegen haben und dadurch keine Einkommensteuerschuld ausgelöst wurde.

Soweit der Erbe also im Einzelfall nicht nachweisen kann, wann ein Anschaffungszeitpunkt eines später veräußerten Coins oder Teilcoins eingetreten ist, ist aus heutiger Sicht nur sehr bedingt vorhersehbar, ob die Finanzverwaltung in solchen Fällen einem Erben tatsächlich einen Vertrauensvorschuss einräumt, der im Zweifel bei fehlenden Nachweisen automatisch von einer fehlenden Steuerpflicht ausgeht.

Unter dem Gesichtspunkt des von der Finanzverwaltung zu beachtenden Grundsatzes der Gleichmäßigkeit der Besteuerung wird eher davon auszugehen sein, dass der Erbe wie jeder andere Steuerpflichtige auch im Falle einer unzureichenden Nachweissituation für die aufgetretenen Defizite einstehen muss.

> Expertenwissen: Grundsatz der Gleichmäßigkeit der Besteuerung
> Der Grundsatz der Gleichmäßigkeit der Besteuerung findet seine Wurzeln in Art. 3 des Grundgesetzes.
>
> *Art. 3 Grundgesetz*
>
> *(1) Alle Menschen sind vor dem Gesetz gleich.*
>
> *(2) Männer und Frauen sind gleichberechtigt. Der Staat fördert die tatsächliche Durchsetzung der Gleichberechtigung von Frauen und Männern und wirkt auf die Beseitigung bestehender Nachteile hin.*
>
> *(3) Niemand darf wegen seines Geschlechtes, seiner Abstammung, seiner Rasse, seiner Sprache, seiner Heimat und Herkunft, seines Glaubens, seiner religiösen oder politischen Anschauungen benachteiligt oder bevorzugt werden. Niemand darf wegen seiner Behinderung benachteiligt werden.*
>
> *Spezialgesetzlich wird dieser Grundsatz in § 85 der Abgabenordnung abgebildet, woraus sich die Umsetzung des Gleichheitssatzes aus Art. 3 Grundgesetz manifestiert.*
>
> *§ 85 Abgabenordnung*
>
> *Die Finanzbehörden haben die Steuern nach Maßgabe der Gesetze gleichmäßig festzusetzen und zu erheben. Insbesondere haben sie sicherzustellen, dass Steuern nicht verkürzt, zu Unrecht erhoben oder Steuererstattungen und Steuervergütungen nicht zu Unrecht gewährt oder versagt werden.*

Unter diesem Gesichtspunkt schlägt eine mangelhafte Dokumentation des Erblassers demnach unmittelbar auf den späteren Erben durch.

Je intensiver ein Erblasser also im Bereich des Tradings aktiv gewesen ist, desto wichtiger ist eine saubere und vollständige Dokumentation für jeden Rechtsnachfolger.

Insbesondere kann ein Erbe nicht damit rechnen, Steuerschulden des Erblassers nachträglich erlassen zu bekommen.

In diesem Kontext kann es für den Erben entscheidend werden, ob es ihm gelingt eine sich im Nachhinein als überschuldet darstellende Erbschaft noch erfolgreich im Wege der Anfechtung auszuschlagen, obwohl die dafür vorgesehene Ausschlagungsfrist von sechs Wochen bereits abgelaufen ist.

Erfahrungen in der Praxis zeigen, dass ein solches erforderlich werdendes Vorgehen in den seltensten Fällen zu schnellen und rein positiven Ergebnissen führt.

Viel häufiger sind die Konstellationen, in denen eine einmal angetretene Erbschaft dann gegebenenfalls in eine sog. Nachlassinsolvenz überführt werden muss.

4. Generelle Anmerkungen zur gegenwärtigen und künftigen Steuersituation in Bezug auf Bitcoin & Co.

Derzeit kann nicht ausgeschlossen werden, dass der bundesdeutsche Gesetzgeber auf die Idee kommen könnte, in bereits bestehenden Steuergesetzen neue Tatbestände zu schaffen, die Kryptowährungs-Transaktionen ausdrücklich zum Gegenstand der Besteuerung machen.

Ebenso ist grundsätzlich vorstellbar, dass eine ganz neue Steuer auf Kryptowährungsgeschäfte eingeführt werden könnte, die international koordiniert erhoben wird.

Bemerkenswerte positive internationale Aktivitäten auf dem Gebiet des Rechts zur Akzeptanz von Kryptowährungen sind aktuell z.B. in Australien und Estland zu verzeichnen.

Während Australien Bitcoin als gesetzliches Zahlungsmittel bereits anerkannt hat, steht Estland dieser Schritt noch bevor, könnte aber bald schon umgesetzt werden.

Negative Reaktionen haben sich in China und Südkorea gezeigt, die Kryptowährungsaktivitäten stark reglementieren oder – mit unterschiedlichen Begründungen – gleich ganz untersagen wollen.

Als Grund wird teilweise angegeben, das Minen von Coins verbrauche derart viele Ressourcen, dass allein das als Grund für eine Reglementierung oder ein Verbot von Kryptowährungen ausreiche[53].

Ob und inwieweit dies Auswirkungen auf die bundesdeutsche Steuersituation hat oder haben kann, kann derzeit noch nicht abschließend beurteilt werden.

---

[53] Handelsblatt Online: http://www.handelsblatt.com/finanzen/maerkte/devisen-rohstoffe/kryptowaehrungen-bitcoin-mining-verbraucht-bald-mehr-strom-als-argentinien/20837230.html

Kapitel 13:
Bilanzielle Aspekte und Gewinnermittlung

(Joerg Andres)

Bilanziell können vor allem beim Mining Probleme auftreten. Durch das Mining werden selbstgeschaffene immaterielle Wirtschaftsgüter erzeugt. Dafür besteht grundsätzlich ein steuerliches Bilanzierungsverbot nach § 5 Abs. 2 EStG.

Hierdurch werden steuerlich die Herstellungskosten für den Bitcoin nicht im Anlagevermögen gehalten, sondern direkt als Aufwand berücksichtigt. Das vermindert direkt den laufenden Gewinn. Handelsrechtlich besteht aber ein Wahlrecht. Ein Unternehmen kann nach § 248 Abs. 2 HGB wählen, ob ein selbst geschaffenes immaterielles Wirtschaftsgut als Anlagevermögen ausgewiesen wird oder nicht.

Im Regelfall wird das Mining dazu führen, dass die erstellten Bitcoins veräußert und auf den Markt gebracht werden. Hierdurch entfällt die Einordnung in das Anlagevermögen. Der Ausweis erfolgt somit direkt über das Umlaufvermögen, so dass keine bilanzielle Einschränkung greift.

Expertenwissen: Steuerbilanzielle Behandlung geminter Bitcoins

Steuerlich ist der handelsbilanzielle Wert selbst geminter Bitcoins nach § 5 Abs. 1 Satz 1, 1. HS iVm. § 6 Abs. 1 Nr. 1b Satz 2 EStG zu übernehmen.

§ 5 EStG

(1) [1]Bei Gewerbetreibenden, die auf Grund gesetzlicher Vorschriften verpflichtet sind, Bücher zu führen und regelmäßig Abschlüsse zu machen, oder die ohne eine solche Verpflichtung Bücher führen und regelmäßig Abschlüsse machen, ist für den Schluss des Wirtschaftsjahres das Betriebsvermögen anzusetzen (§ 4 Absatz 1 Satz 1), das nach den handelsrechtlichen Grundsätzen ordnungsmäßiger Buchführung auszuweisen ist, es sei denn, im Rahmen der Ausübung eines steuerlichen Wahlrechts wird oder wurde ein anderer Ansatz gewählt.

(2) (...)

§ 6 EStG

(1) Für die Bewertung der einzelnen Wirtschaftsgüter, die nach § 4 Absatz 1 oder nach § 5 als Betriebsvermögen anzusetzen sind, gilt das Folgende:

1. (...)

1a. (...)

1b. (...) [2]Das Wahlrecht ist bei Gewinnermittlung nach § 5 in Übereinstimmung mit der Handelsbilanz auszuüben.

Expertenwissen: Handelsbilanzielle Behandlung geminter Bitcoins

Der Ausweis der selbst erstellten immateriellen Wirtschaftsgüter des Umlaufvermögens erfolgt über § 253 Abs. 1 Satz 1, § 255 Abs. 2 HGB mit den Herstellungskosten.

§ 253 HGB

(1) Vermögensgegenstände sind höchstens mit den Anschaffungs- oder Herstellungskosten, vermindert um die Abschreibungen nach den Absätzen 3 bis 5, anzusetzen.

(2) (...)

§ 255 HGB

(1) (...)

(2) Herstellungskosten sind die Aufwendungen, die durch den Verbrauch von Gütern und die Inanspruchnahme von Diensten für die Herstellung eines Vermögensgegenstands, seine Erweiterung oder für eine über seinen ursprünglichen Zustand hinausgehende wesentliche Verbesserung entstehen. Dazu gehören die Materialkosten, die Fertigungskosten und die Sonderkosten der Fertigung sowie angemessene Teile der Materialgemeinkosten, der Fertigungsgemeinkosten und des Werteverzehrs des Anlagevermögens, soweit dieser durch die Fertigung veranlasst ist. Bei der Berechnung der Herstellungskosten dürfen angemessene Teile der Kosten der allgemeinen Verwaltung sowie angemessene Aufwendungen für soziale Einrichtungen des Betriebs, für freiwillige soziale Leistungen und für die betriebliche Altersversorgung einbezogen werden, soweit diese auf den Zeitraum der Herstellung entfallen. Forschungs- und Vertriebskosten dürfen nicht einbezogen werden.

(2a) Herstellungskosten eines selbst geschaffenen immateriellen Vermögensgegenstands des Anlagevermögens sind die bei dessen Entwicklung anfallenden Aufwendungen nach Absatz 2. Entwicklung ist die Anwendung von Forschungsergebnissen oder von anderem Wissen für die Neuentwicklung von Gütern oder Verfahren oder die Weiterentwicklung von Gütern oder Verfahren mittels wesentlicher Änderungen. Forschung ist die eigenständige und planmäßige Suche nach neuen wissenschaftlichen oder technischen Erkenntnissen oder Erfahrungen allgemeiner Art, über deren technische Verwertbarkeit und wirtschaftliche Erfolgsaussichten grundsätzlich keine Aussagen gemacht werden können. Können Forschung und Entwicklung nicht verlässlich voneinander unterschieden werden, ist eine Aktivierung ausgeschlossen.

(3) (...)

Kapitel 14:
Steuererklärung und
Dokumentationsfragen

(Joerg Andres & Michael Huss)

Meist tätigen Steuerpflichtige mehrere Geschäfte mit Bitcoins bevor deren Bitcoinbestand – auch wenn er nur Bruchteile von Bitcoins umfasst hat – vollständig abverkauft worden ist.

Hier stellt sich die Frage der Nachweisbarkeit und auch der Nachweispflichten des Steuerpflichtigen gegenüber dem Finanzamt in Bezug auf die jeweiligen Anschaffungs- und Veräußerungsvorgänge.

Grundsätzlich ist jeder Steuerpflichtige, der über bestimmte Einkünfte verfügt oder auch nur eine Bereicherung erfährt (wie im Fall der Erbschaft- oder Schenkungsteuer), dazu verpflichtet, eine Steuererklärung mit allen erforderlichen Informationen beim für ihn zuständigen Finanzamt abzugeben.

Hintergrund dieser Verpflichtung ist, dass der zuständige Finanzbeamte in den Stand versetzt werden soll, selbstständig und umfassend prüfen und beurteilen zu können, ob und inwieweit der jeweilige Steuerpflichtige entweder bislang zu wenige Steuern gezahlt oder ggf. noch eine Erstattung, also eine Rückzahlung von Steuern, zu erwarten hat. Dies ist u.a. Ausdruck des Grundsatzes der Gleichmäßigkeit der Besteuerung und zusätzlich des Rechtsstaatsprinzips aus Art. 20 Abs. 3 GG, wonach jeder nach der eigenen Leistungsfähigkeit besteuert werden soll – aber eben nicht darüber hinaus. Ohne die relativ weitgehende Mitwirkung des Steuerpflichtigen könnte kein einziges Finanzamt in Deutschland auch nur annähernd eine gerechte Steuerveranlagung und -erhebung durchführen.

Das Maß an Mitwirkung muss jedoch entsprechend höher sein, wenn das Finanzamt praktisch keine Möglichkeit hat, eigene Nachforschungen anzustellen, z.B. bei Auslandssachverhalten.

Kommt dann wie im Falle von Kryptowährungen noch der Umstand des virtuellen Handels über im Ausland ansässige Online-Börsen hinzu, erweitern sich die Mitwirkungspflichten deutlich gegenüber den herkömmlichen alltäglichen Fällen im Inland.

Hinzu kommt bei Bitcoins und anderen Wirtschaftsgütern vergleichbarer Provenienz, dass insbesondere aufgrund der hohen

Kursschwankungen jede geführte Transaktion nicht nur tag-, sondern besser noch minutengenau nachweisbar dokumentiert sein sollte. Dies dient letzten Endes dazu, bei abstrakten und nur teilweise nachvollziehbaren Vorgängen insofern ohnehin schon bestehende von Vorsicht geprägten Zweifel des durchschnittlichen Finanzbeamten möglichst weitgehend zerstreuen zu können.

Was vielen Steuerpflichtigen nicht bewusst ist: Soweit der Finanzbeamte anhand ihm bekannter Erfahrungswerte davon ausgehen kann und darf, dass der Steuerpflichtige zumindest teilweise Einkünfte nicht deklariert hat, muss der Finanzbeamte weitere Angaben zur Aufklärung des Sachverhalts verlangen, um seiner sog. Amtsermittlungspflicht zu entsprechen. Kommt der Steuerpflichtige dieser Aufforderung binnen angemessener Frist nicht nach, ist der Beamte berechtigt, eine sachgemäße Schätzung der vermuteten tatsächlichen Einkünfte vorzunehmen.

Da im Bereich der Bitcoin-Besteuerung bislang praktisch noch keinerlei anwendbare Vergleichsergebnisse vorliegen (im Sinne einer sog. amtlichen Richtsatzsammlung, die in allen gängigen steuerlich relevanten Bereichen seit Jahrzehnten vorliegt, hier aber insoweit völlig fehlt) ist momentan noch ungewiss, in welchem Umfang ein Finanzamt Anschaffungs- und Veräußerungsgeschäfte und daraus resultierende (vermutete) Gewinne einfach schätzen und einer steuerlichen Veranlagung zugrunde legen dürfte.

In Anbetracht des am 30.06.2017 in Deutschland weggefallenen Bankgeheimnisses (vgl. der frühere § 30a AO wurde mit Ablauf des Monats Juni 2017 gestrichen) wird man vereinfacht von folgender Formel ausgehen dürfen: Je mehr ungeklärte Zugänge auf den Konten des Steuerpflichtigen zu verzeichnen sind, desto höher wird das Finanzamt die Zahl der diesen Zugängen zugrundeliegenden Online-Spekulationsumsätzen annehmen.
Solange der Finanzbeamte eine nachvollziehbare Vorgehensweise darlegen kann, wird ein mit einem solchen Fall betrau-

tes Finanzgericht seine vernünftig aufgebaute Schätzung nicht grundlegend in Frage stellen.

Im nächsten Schritt stellt sich die Frage, wie das zuständige Finanzamt mit einem solchen Fall unter steuerstrafrechtlichen Gesichtspunkten umgehen wird.

Im Steuerstrafverfahren ist die Schätzung von Besteuerungsgrundlagen zulässig, wenn zwar feststeht, dass der Steuerpflichtige einen Besteuerungstatbestand erfüllt hat, die tatsächlichen Besteuerungsgrundlagen aber ungewiss sind[54]. Nach höchstrichterlicher Rechtsprechung ist es aber unzulässig, eine auf Ebene der Einkommensteuer an sich zulässige Schätzung des Finanzamts 1:1 auch einer strafrechtlichen Verurteilung durch das Strafgericht zugrunde zu legen[55].

Hierzu mehr im **Kapitel 16: Steuerstrafrechtliche Aspekte**

Sowohl zur aktuellen Dokumentation, als auch für ggf. künftig noch steigende Anforderungen an die Deklarationspflichten ist es wichtig, möglichst alle Transaktionen zweifelsfrei und dauerhaft nachweisbar zu machen.

Das Steuerrecht sieht in § 92 Abgabenordnung dazu mehrere Möglichkeiten von Beweismitteln vor, die der Steuerpflichtige nutzen oder die das Finanzamt ggf. verlangen kann:

- Auskünfte des Steuerpflichtigen selbst
- Anhörung von Zeugen
- Vorlage von Urkunden
- Sachverständigengutachten

---

[54] Ständige Rechtsprechung; vgl. BGH, Beschluss vom 06.04.2016 – 1 StR 523/15, NStZ 2016, 728; und vom 29.01.2014 – 1 StR 561/13; vgl. auch Video „Wann Finanzamt und Strafrichter Gewinne schätzen dürfen", http://www.andresrecht.de/wann-finanzamt-und-strafrichter-gewinne-schaetzen-duerfen/

[55] Vgl. hierzu Bundesgerichtshof, Beschluss vom 20.12.2016 – 1 StR 505/16

Zusätzlich ist eine Dokumentation von Beweismitteln auch dann wichtig, wenn ein Steuerbescheid noch nicht endgültig geworden ist, z.B. weil das Finanzamt den sog. Vorbehalt der Nachprüfung noch nicht aufgehoben hat und deshalb auch viele Jahre nach dem eigentlichen Erlass des Steuerbescheids noch Nachweise für einzelne Vorgänge aus der Vergangenheit verlangen kann.

Daher sollte grundsätzlich jede Einnahme und Ausgabe, jeder Trade und jede Gebühr in der Anlage SO zur Einkommensteuererklärung zweifelsfrei notiert werden.

Dies ist insbesondere deshalb wichtig, weil mittlerweile bei Bitcointransaktionen durchaus hohe Gebühren anfallen können.

Die Anlage ist nicht speziell für Einkünfte aus Kryptowährungsgeschäften zugeschnitten. Daher sollten die Angaben im Einzelnen in einer erläuternden Anlage zur Anlage SO aufgeführt werden.

Hier daher nur ein Ausschnitt aus dem Formular:

	Andere Wirtschaftsgüter (Veräußerungen von Gegenständen des täglichen Gebrauchs sind ausgenommen)			
41	Art des Wirtschaftsguts			
42	Zeitpunkt der Anschaffung (z. B. Datum des Kaufvertrags)		Zeitpunkt der Veräußerung (z. B. Datum des Kaufvertrags)	
				EUR
43	Veräußerungspreis oder an dessen Stelle tretender Wert (z. B. gemeiner Wert)			
44	Anschaffungskosten (ggf. gemindert um Absetzung für Abnutzung) oder an deren Stelle tretender Wert (z. B. Teilwert, gemeiner Wert)		–	
45	Werbungskosten im Zusammenhang mit dem Veräußerungsgeschäft		–	
46	Gewinn / Verlust (zu übertragen nach Zeile 47)		=	
		stpfl. Person / Ehemann / Person A / Gemeinschaft EUR		Ehefrau / Person B EUR
47	**Zurechnung des Betrags aus Zeile 46**	114	– 115	
48	Gewinne / Verluste aus weiteren Veräußerungen von anderen Wirtschaftsgütern (lt. gesonderter Aufstellung)	116	– 117	

Wie in **Kapitel 16: Steuerstrafrechtliche Aspekte näher ausgeführt**, ist es erforderlich – ähnlich wie bei Abgabe einer Selbstanzeige[56] – alle Angaben gegenüber dem Finanzamt zu machen, die für eine abschließende Beurteilung durch die Finanzverwaltung benötigt werden. Dadurch muss das Finanzamt also in den Stand versetzt werden, den Fall abschließend beurteilen zu können, ohne beim Steuerpflichtigen zuvor nochmals nachfragen zu müssen.

Dies sind im Zweifel alle Trades und/oder Miningvorgänge – also auch solche, die der Betroffene eigentlich für „nicht relevant" oder jedenfalls „steuerfrei" hält. Stellt sich eine solche Annahme nachträglich als falsch heraus, steht sehr schnell der Vorwurf der versuchten Steuerhinterziehung im Raum, der u.U. nur schwer wieder auszuräumen ist.

Aktuelle Erhebungen lassen den Schluss zu, dass es sich dabei keinesfalls um Einzelfälle handelt: Laut der bereits in der Einleitung dieses Buches erwähnten aktuellen Studie von Klaus Himmer und Prof. Philipp Sandner kann diese Problematik bundesweit bis zu 400.000 Krypto-Investoren betreffen.

Umso wichtiger ist es, den Steuerpflichtigen zumindest eine gangbare und praktikable Lösung anzubieten, auf die Rechteinhaber digitaler Vermögenswerte ohne Schwierigkeiten und zeitnah zurückgreifen können. Derzeit bietet der Markt verschiedene Lösungsansätze an, die in unterschiedlicher Form genutzt werden können, um bei Einreichung der nächsten Steuererklärung in Bezug auf Kryptowährungseinkünfte hinreichend abgesichert zu sein.

1. Einfachste Möglichkeit: Eigene Excel-Liste

Bei extrem sorgfältigen und im Handel nicht sehr aktiven Krypto-Tradern kann es im Einzelfall ausreichend sein, sämtliche Trades in einer Excel-Liste aufzuzeichnen, in der alle Trades und weitere Einkommensströme im Zusammenhang mit Kryptowährungen mit Angabe von Datum, Uhrzeit und jeweiligem Wert der gehandelten Coins vollständig vermerkt sind.

---

[56] Andres, „Was man aus dem Hoeness-Urteil lernen kann, Rechtstipp vom 03.12.2014, https://www.anwalt.de/rechtstipps/was-man-aus-dem-hoeness-urteil-lernen-kann-anleitung-zur-vermeidung-einer-unwirksamen-selbstanzeige_064819.html

Auf den ersten Blick erscheint das sinnvoll und ist zudem komplett kostenfrei, aber die Methode weist einige markante Schwachstellen auf:

Zum einen ist es sehr ineffizient alle Transaktionen händisch in eine Liste einzutragen, wenn diese ohnehin auf der Blockchain gespeichert bzw. auch auf der jeweiligen Börse sogar als zu exportierende Datei bereits hinterlegt sind. Zum anderen ist es teilweise bereits schwierig bei der extremen Volatilität am Kryptowährungsmarkt den richtigen Tagespreis in der jeweiligen Landeswährung zu finden und dann, im nächsten Schritt den Gewinn bzw. Verlust auch noch im Einzelnen zu berechnen und fehlerfrei in die Liste einzutragen. Zudem birgt eine Liste die naheliegende Gefahr mit zunehmendem Umfang und wachsenden Detailinformationen schnell unübersichtlich zu werden.Das daraus resultierende Fehlerpotential ist in der Regel kaum beherrschbar und führt im nächsten Schritt relativ zügig zu Erklärungsbedarf beim zuständigen Finanzamt.

Neben den Trades die – je nach Umfang – gerade noch nachvollziehbar in einer einfachen Liste abgebildet werden können, müssen zusätzlich mögliche Erträge zum Beispiel aus Cloud-Mining, Stacking oder Lending und deren Effekt auf die jeweils gehaltenen Coins und Tokens berücksichtigt werden. Spätestens an dieser Stelle wird die selbst angelegte Liste zum unkalkulierbaren Risiko.

Beherrscht der Steuerpflichtige die jeweiligen gesetzlichen Grundlagen nicht perfekt – wovon in mehr als 98 Prozent der Fälle auszugehen sein dürfte – läuft er Gefahr auch solche Fehler zu machen, die potentiell zu einer Steuerverkürzung führen, die ihm danach als zumindest versuchte Steuerhinterziehung angelastet werden kann.

Dieses Risiko wächst mit jedem zusätzlich zu erfassenden Trade und wird tendenziell unbeherrschbar.

Daher ist von dieser „Spar-Form" der Dokumentation in der Regel abzuraten. Eine selbst angelegte Liste ist mithin allenfalls bei einer „buy-and-hold-Strategie" sinnvoll.

2. Möglichkeit: Steuerberater konsultieren

Die Einschaltung eines Steuerberaters in Bezug auf Kryptowährungseinkünfte ist grundsätzlich sinnvoll und anzuraten. Allerdings ist es derzeit relativ schwierig einen Steuerberater zu finden, der sich mit dem Thema Kryptowährungsbesteuerung überhaupt schon im Detail befasst hat.

Außerdem sollte der Steuerpflichtige die Kosten im Blick behalten, da je nach erforderlicher Spezialisierung der finanzielle Aufwand hier sehr schnell vier- oder gar fünfstellige Beträge erreichen kann.

Hat der Steuerpflichtige allerdings sechsstellige Gewinne erzielt, die er ggf. auch noch nacherklären möchte, weil er dies in der Vergangenheit versäumt hat, könnte jenseits der Kostenüberlegungen ggf. auch die Inanspruchnahme eines Fachanwalts für Steuerrecht und/oder Strafrecht die richtige Wahl sein.

Unabhängig von den vorgenannten Punkten wird in jedem Fall eine vollständige und umfassende Dokumentation aller Online-Aktivitäten im Krypto-Bereich benötigt. Dazu kann – anstelle oder neben – der zuvor bereits skizzierten Excel-Listenführung auch eine Palette an diversen Online-Tools eingesetzt werden.

3. Verfügbare Online-Tools

Die konventionellen Angebote bieten allesamt noch keine brauchbaren Lösungen für den Umgang mit Kryptowährungen. Doch um den wachsenden Bedarf dafür zu befriedigen, sind bereits einige Spezialtools auf dem Markt entstanden. Gemeinsam ist diesen Tools das „Tracking" von Krytowährungs-Trades zu vereinfachen. Die Qualität der einzelnen Produkte variiert jedoch relativ stark. Daher sollte man sehr genau darauf achten, wie und wofür welches Hilfsmittel eingesetzt wird.

a) CoinTracking.info

Mit mehr als 258.000 Nutzern (Stand 31.01.2018 / https:// cointracking.info/globalstats.php?language=de) ist cointracking. info aktuell die am weitesten verbreitete Lösung auf dem Markt.

Das Tool ist grundsätzlich kostenlos nutzbar, bei der Generierung von Steuerreports mit über 100 Trades pro Jahr fällt jedoch eine Gebühr in Höhe von ca. 100 € an.

Die Transaktionen können jeweils entweder händisch eingegeben oder (mit Limitierungen) automatisiert eingelesen werden.

Durch diese Imports ist es dem User möglich, auch in der Vergangenheit liegende Trades noch vollständig zu erfassen.

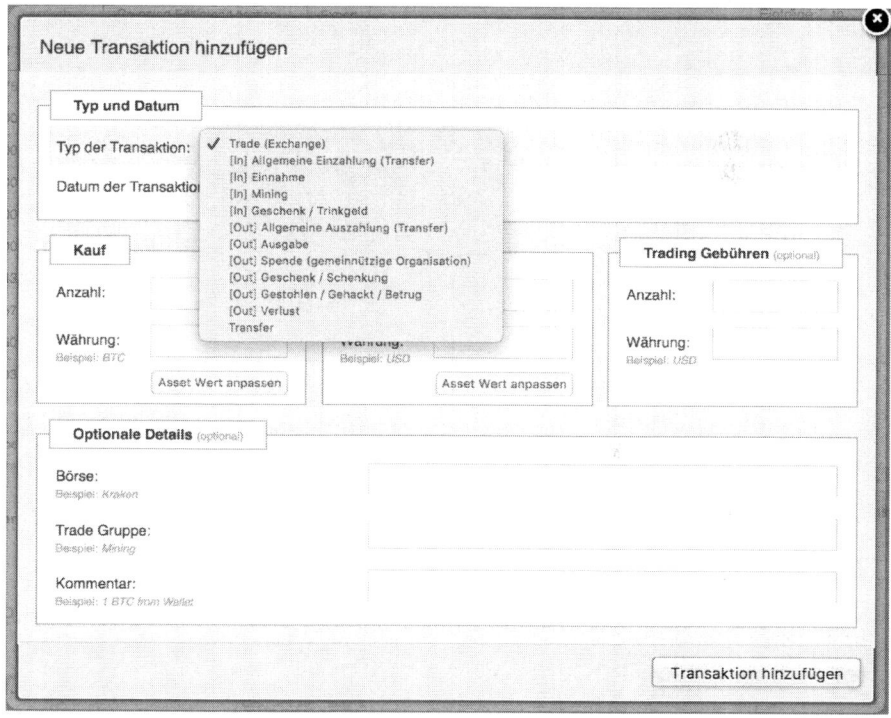

Die importierten Ereignisse können dann im Nachgang noch zusätzlich angepasst werden. Neben normalen Trades können auch Einzahlungen, Geschenke, Einnahmen und Miningerträge erfasst werden.

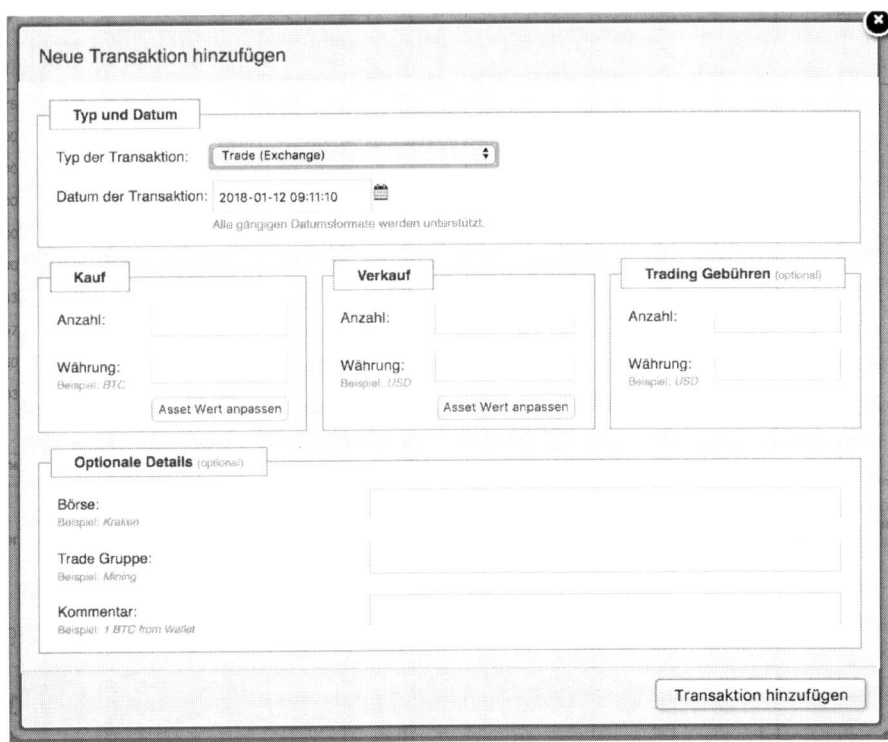

Daraus generiert CoinTracking.info im Anschluss eine automatische Gewinn- und Verlustrechnung. Auf diese Weise können auf der Benutzeroberfläche nicht nur realisierte und unrealisierte Gewinne, sondern auch Tagesbilanzen und Durchschnittspreise beim An- und Verkauf angezeigt werden.

Optisch bietet CoinTracking.info also eine sehr übersichtliche, zugleich aber eher technisch geprägte Online-Lösung an.

Beim steuerlichen Feature der Plattform, dem Steuerreport, kann der User verschiedene Variablen sowie den persönlichen Steuersatz selbst einstellen und einzelne Berechnungen für bestimmte (oder mehrere) Börsen – auch getrennt für einzelne Accounts – durchführen.

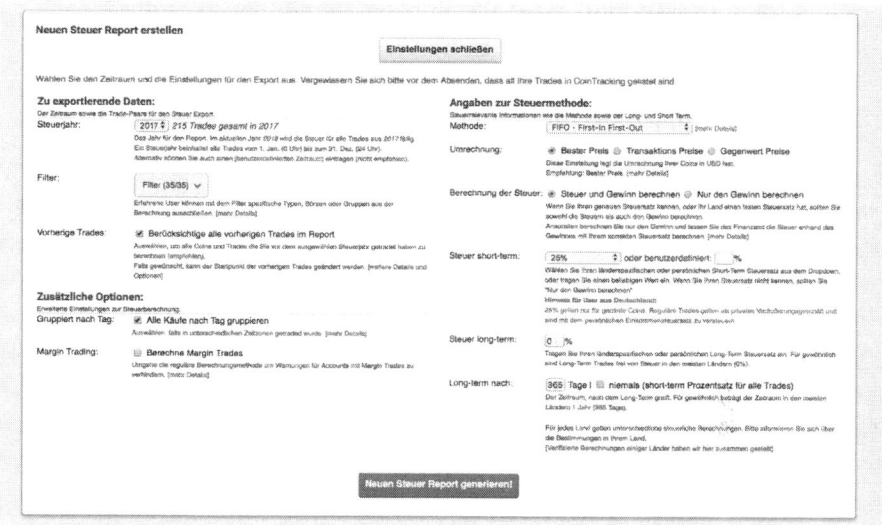

Unabhängig von der einfachen Möglichkeit der Datenselektion sollte jeder Nutzersollte umso mehr auf eine strikt korrekte Dateneingabe achten.

Gleiches gilt im Ergebnis in Bezug darauf, dass die einzelnen Accounts nicht getrennt behandelt werden können und somit eine Verbrauchsfolge nur für den gesamten Bestand angewendet werden kann.

Jedenfalls für Nutzer die steueroptimiert Longterm Holdings von Daytrading Aktivitäten trennen möchten, bietet CoinTracking.info noch keine unterstützende Funktionalität. Da die Berechnungen auch nicht auf explizit genannten Rechtsnormen beruhen, sollte zumindest damit gerechnet werden, dass das Fehlen solcher Angaben tendenziell zu Nachfragen seitens des Finanzamts führen dürfte. Ob auf diese Weise die rechtlichen Änderungen und Anpassungen, die nahezu jährlich im Steuerrecht stattfinden, ausreichend berücksichtigt werden, ist fraglich.

Nutzer, die sich durch den Einsatz dieses ansonsten durchaus professionell daherkommenden Tools in Sicherheit wiegen, könnten daher formelle und/oder rechtliche Fehler in der eigenen Steuererklärung übersehen und so Nachteile erleiden.

b) CryptoTax.io

Eine weitere am Markt bislang nicht verfügbare Lösung bietet die App von CryptoTax, bei der schon dem Namen nach der Schwerpunkt auf steuerlichen Aspekten und Steuerberatung liegt. Die App soll Anfang März 2018 auf den Markt kommen und nach Auskunft der Gründer dann ebenfalls mit zahlreichen Reporting-Funktionen aufwarten können.

Auch hier soll die Nutzung im ersten Schritt kostenlos sein, die jeweiligen gewünschten Steuerreports müssen dann zur Nutzung pro Land und Jahr gekauft werden (z.B. Deutschland, 2017). Preislich wird sich CryptoTax auskunftsgemäß ungefähr auf dem Niveau der Konkurrenz bewegen. Mit einer nutzerfreundlichen Importfunktion sollen Handels- und Nutzerdaten manuell und automatisiert von Börsen, Wallets und eigenen Excelaufstellungen importiert werden.

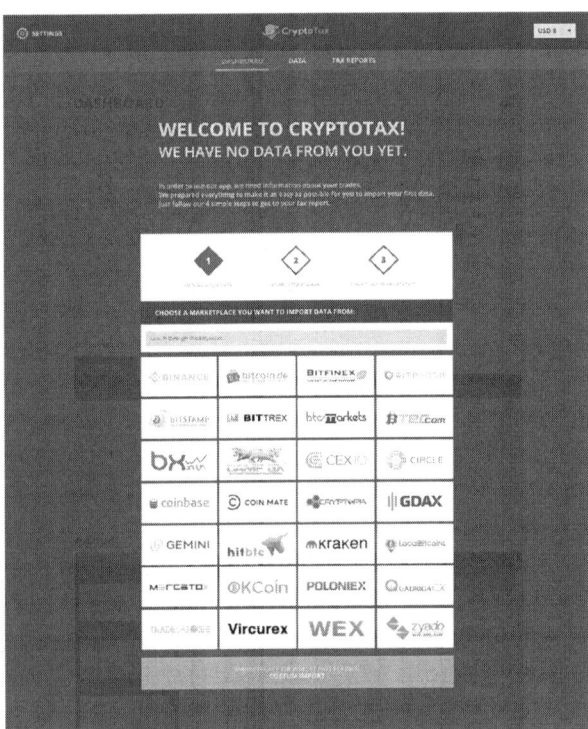

Abbildung 1: Auswahl der Datenquelle

Zusätzlich können sämtliche Erträge aus Sonderfällen wie Hard Forks, Staking, ICOs oder Lending danach im Detail dokumentiert, auf Grundlage des aktuell geltenden Steuerrechts erfasst und auf Basis der bislang bekannten rechtlichen Qualifizierungen weitestgehend zutreffend bewertet werden. Auf diese Weise soll sichergestellt werden, dass alle Ereignisse eindeutig zugeordnet werden und korrekt in der Steuererklärung erscheinen. Bei CryptoTax soll eine klare Trennung von Accounts durchführbar sein, was es dem Nutzer ermögliche, insbesondere Longterm Holds von kurzfristigen Handelsaktivitäten zu trennen. Besonders hervorgehoben wird von den Gründern von CryptoTax, dass alle steuerlichen Einordnungen und Berechnungen auf einer fundierten steuerlichen Expertise aufbauen. Dadurch werde nicht nur die grundlegend zutreffende thematische Einordnung des einzelnen Vorgangs, sondern auch dessen korrekte steuerrechtliche Beurteilung vor dem Hintergrund der jeweils geltenden Rechtslage gewährleistet. Das werde durch eine Partnerschaft mit einer internationalen Wirtschaftsprüfungsgesellschaft, die die Qualität der generierten Steuerreports fortlaufend prüft, zusätzlich abgesichert.

Zudem will CryptoTax über ein angeschlossenes im Aufbau befindliches Partnernetzwerk auch Premium Services wie eine individuelle Steuerberatung durch spezialisierte Steuerberater anbieten, wodurch den unterschiedlichen persönlichen Anforderungen der Steuerpflichtigen möglichst weitgehend Rechnung getragen werde. Dadurch könne eine einfach handhabbare, kostengünstige und zugleich rechtssichere Steuerlösung angeboten werden.

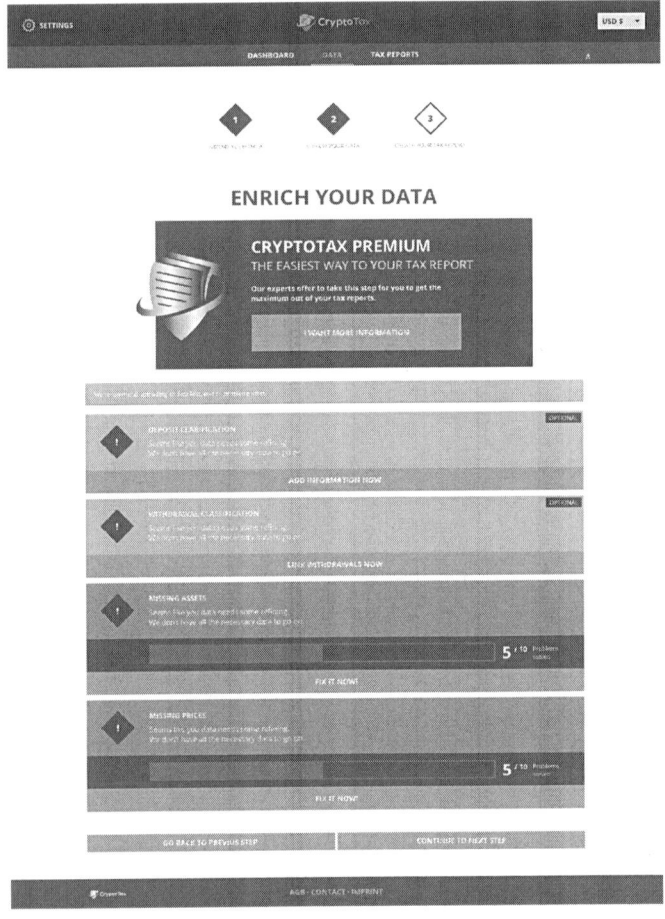

Abbildung 2: Premium-Service und Datenklassifizierung

Fazit: Aufgrund der teilweise durchaus unklaren Rechtslage und der über weite Strecken fehlenden klaren Anweisungen innerhalb der Finanzverwaltung ist es derzeit an vielen Stellen noch schwierig, rechtssichere Angaben in der Steuererklärung zu machen.

Bei nur vereinzelten Trades und im Übrigen fehlenden sonstigen Einkünften im Kryptobereich wird in den meisten Fällen eine selbst angelegte Excel-Liste für Steuererklärungszwecke ausreichen.

Sobald es hingegen um größere Engagements oder mehrere Einkommensquellen im Kryptowährungsbereich geht, sollte das Geld für ein unterstützendes Tool in jedem Fall investiert werden. In Betracht kommen die Lösungen von CoinTracking und CryptoTax.io

Hier dürfte die App von CryptoTax aufgrund eines differenzierteren und auditierten Angebots mit zuverlässigen Steuer-Reports auf Basis der aktuellen Rechtslage die umfassendste und sicherste Online-Lösung bieten.

Wer sein Haupteinkommen aus Kryptowährungen bezieht oder einen Spezialfall vorliegen hat, sollte darüber nachdenken einen Steuerberater oder – im Falle von Nacherklärungen – auch einen Fachanwalt für Steuerrecht/Strafrecht hinzuzuziehen. Hier sollte darauf geachtet werden, dass dieser sich eingehend mit Kryptowährungen und dem dazu geltenden Recht beschäftigt hat.

Um die Beratung insoweit besonders effizient zu gestalten, sollte auch hier als Ausgangsbasis ein Bericht mithilfe eines Tools von CryptoTax erwogen und ggf. auf den Premium Dienst des Unternehmens zurückgegriffen werden.

Hierdurch kann die Gefahr, aufgrund von Unwissenheit, Unterlassen oder eigenen Fehlern steuerrechtlich belangt zu werden, jedenfalls deutlich reduziert werden.

Kapitel 15: Steuerstrafrechtliche Aspekte

(Joerg Andres)

Die Abgabenordnung unterscheidet im Bereich des Steuerstrafrechts grundlegend zwischen der vorsätzlichen Steuerhinterziehung (§ 370 AO) als Steuerstraftat und der leichtfertigen Steuerverkürzung als weniger gravierende Steuerordnungswidrigkeit.

Expertenwissen: Übersicht zu Unterscheidungsmerkmalen zwischen Steuerhinterziehung und leichtfertiger Steuerverkürzung

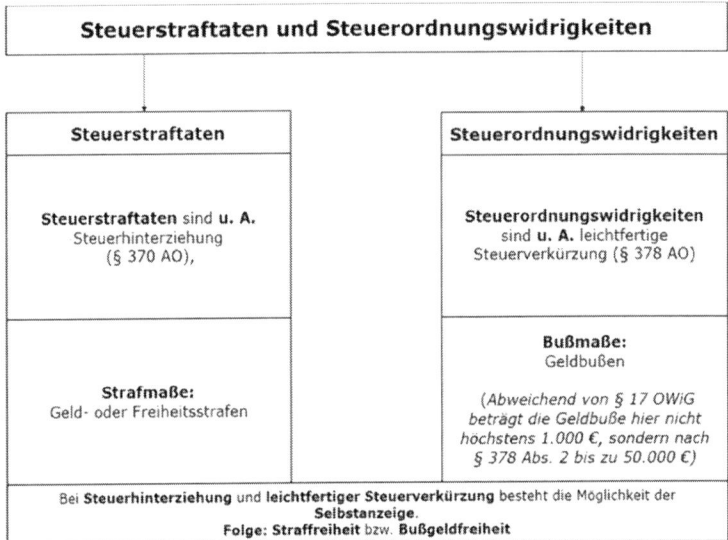

Verunsicherte und/oder bereits verzweifelte Steuerpflichtige, die erstmals Kryptowährungsgewinne in ihrer Steuererklärung verarbeiten müssen, kommen immer wieder auf die Idee, diese gegenüber dem Finanzamt einfach nicht anzugeben. Diese Strategie ist hochgradig gefährlich, wirkt die Blockchain langfristig betrachtet doch wie eine einzige große Steuer-CD.

Jede Transaktion kann bis ins kleinste Detail nachvollzogen werden. Kann also eine Transaktion einem bestimmten Rechner zugeordnet werden, ist die nächste Frage, ob dieser Rechner dann – mit steuerlicher Wirkung – auch einer konkreten Person oder Organisation zugerechnet werden kann.

Expertenwissen: Der Begriff der steuerlichen Festsetzungsverjährung

Die steuerliche Festsetzungsverjährung ist (neben der sog. Zahlungsverjährung) eine spezielle Verjährungsform des deutschen Steuerrechts. Ist diese Form der Verjährung eingetreten, darf das Finanzamt einen Steuerbescheid weder erlassen noch ändern oder aufheben.

Bei Verbrauchsteuern (u.a. Bier-, Branntwein-, Kaffee-, Mineralöl-, Schaumwein- und Stromsteuer) beträgt die Festsetzungsfrist ein Jahr, in Fällen der leichtfertigen Steuerverkürzung verlängert sich diese Frist auf fünf Jahre, in Fällen der Steuerhinterziehung gar auf zehn Jahre. Bei allen anderen Steuern, abgesehen von Einfuhr- und Ausfuhrabgaben, beträgt die Festsetzungsfrist gemäß § 169 AO vier Jahre und verlängert sich auf fünf Jahre in Fällen der leichtfertigen Steuerverkürzung bzw. auf zehn Jahre bei Steuerhinterziehung.

Sie beginnt grundsätzlich mit Ablauf des Jahres, in dem die Steuer entstanden ist, oder wenn eine Steuererklärung oder –anmeldung (z.B. bei der Umsatzsteuer oder der Lohnsteuer) abzugeben ist, mit dem Ablauf des Jahres, in dem die Erklärung/Anmeldung abgegeben wurde.

In zahlreichen Fällen kann jedoch eine Anlaufhemmung, die grundsätzlich maximal drei Jahre beträgt (§ 170 Abs. 2 Nr. 1 AO) eingreifen, sodass die Festsetzungsfrist dann noch gar nicht zu laufen beginnt. Einen wichtigen solchen Fall stellt die Schenkungsteuer dar (§ 170 Abs. 5 Nr. 2 AO), bei der u.U. auch nach mehr als zehn Jahren die Festsetzungsfrist noch gar nicht begonnen haben muss und somit dann auch noch nicht abgelaufen sein kann, obwohl ggf. schon weit mehr als 20 Jahre (!) vergangen sind. → hierzu mehr in **Kapitel 11: Schenkung und Schenkungsteuer.**

Vgl. hierzu auch Andres in: Scherer, Münchener AnwaltsHandbuch Erbrecht, 4. Aufl. 2014, § 69, Rz. 14; Andres in: Jesgarzewski/ Schmittmann, Steuerrecht, 2. Aufl. 2016, S. 444 f.

Gelingt auch dies, muss für die Durchführung der Besteuerung geklärt werden, wie lange nach dem Ablaufen einer möglicherweise steuerpflichtigen Transaktion noch eine Erhebung der Steuer (nachträglich) erfolgen kann.

Dies ist jedenfalls dann nicht mehr möglich, wenn zugunsten des Betroffenen bereits Festsetzungsverjährung eingetreten ist oder der Steuerpflichtige nachträglich noch wirksam eine strafbefreiende Selbstanzeige abgegeben hat.

Eng daran knüpft die Frage nach möglichen steuerstrafrechtlichen Konsequenzen an, wenn ein Steuerpflichtiger es versäumt hat, alle steuerlich relevanten Vorgänge in seiner jeweiligen Steuererklärung zu deklarieren.

Besonders brisant kann es werden, wenn von mehreren Erklärungsverpflichteten (z.B. im Fall einer Erbschaft oder einer Schenkung) einer die erforderlichen Angaben gemacht hat, während die anderen davon ausgegangen sind, keiner werde eine Erklärung gegenüber der Finanzverwaltung abgeben.

Hierzu mehr in **Kapitel 12: Erbschaft und Erbschaftsteuer**

Vordergründig trifft es zwar zu, dass bei einem solchen Vorgehen in aller Regel in einem Zeitraum von geschätzt zwei bis fünf Jahren vermutlich tatsächlich nichts Negatives passieren wird.

Dies mag zum einen damit zusammenhängen, dass die Finanzämter derzeit – wie so oft – bereits mit den laufenden Arbeiten heillos überfordert sind. Zum anderen leistet die fehlende Bekanntheit dieser teils komplexen Vorgänge sowie die fehlende ausreichende Vorbereitung und Besetzung der Finanzverwaltung auf die Bearbeitung solcher Steuererklärungen ein Übriges.

Wie bereits oben ausgeführt, tritt jedoch in Fällen von Steuerhinterziehung die Festsetzungsverjährung frühestens zehn Jahre nach dem Ende des betreffenden sog. Veranlagungszeitraums, also dem fraglichen Kalenderjahr, ein.

Zudem können mehrere Besonderheiten dazu führen, dass die steuerliche Festsetzungsverjährung u.U. erst deutlich später zu laufen beginnt.

Zudem ist aber auch die strafrechtliche Verjährung im Blick zu behalten, weil diese darüber bestimmt, ob dem säumigen Steuerpflichtigen zusätzlich zur Steuer- und Zinslast auch noch eine Geld-oder Freiheitsstrafe auferlegt werden kann.

In der Regel beträgt die strafrechtliche Verjährung fünf Jahre (vgl. § 78 Abs. 3 Nr. 4 StGB). In besonders schweren Fällen verlängert diese sich auf zehn Jahre (§§ 376 i.V.m. 370 Abs. 3 Satz 2 Nr. 1 - 6 AO).

Sie beginnt grds. mit der Vollendung der Straftat (vgl. § 78a StGB), was allerdings bei Steuerstraftaten u.U. eine differenzierte Betrachtung erfordert, da die Vollendung der Tat nicht identisch mit deren Beendigung sein muss.

Expertenwissen: Übersicht zu Gründen der Anlaufhemmung bei der Festsetzungsfrist

§ 171 Abgabenordnung

(1) (...)

(2) (...)

(3) Wird vor Ablauf der Festsetzungsfrist außerhalb eines Einspruchs- oder Klageverfahrens ein Antrag auf Steuerfestsetzung oder auf Aufhebung oder Änderung einer Steuerfestsetzung oder ihrer Berichtigung nach § 129 gestellt, so läuft die Festsetzungsfrist insoweit nicht ab, bevor über den Antrag unanfechtbar entschieden worden ist.

(3a) (...)

(4) Wird vor Ablauf der Festsetzungsfrist mit einer Außenprüfung begonnen oder wird deren Beginn auf Antrag des Steuerpflichtigen hinausgeschoben, so läuft die Festsetzungsfrist für die Steuern, auf die sich die Außenprüfung erstreckt oder im Fall der Hinausschiebung der Außenprüfung erstrecken sollte, nicht ab, bevor die auf Grund der Außenprüfung zu erlassenden Steuerbescheide unanfechtbar geworden sind oder nach Bekanntgabe der Mitteilung nach § 202 Abs. 1 Satz 3 drei Monate verstrichen sind. (...)

(5) Beginnen die Zollfahndungsämter oder die mit der Steuerfahndung betrauten Dienststellen der Landesfinanzbehörden vor Ablauf der Festsetzungsfrist beim Steuerpflichtigen mit Ermittlungen der Besteuerungsgrundlagen, so läuft die Festsetzungsfrist insoweit nicht ab, bevor die auf Grund der Ermittlungen zu erlassenden Steuerbescheide unanfechtbar geworden sind; (...)

(...)

(9) Erstattet der Steuerpflichtige vor Ablauf der Festsetzungsfrist eine Anzeige nach den §§ 153, 371 und 378 Abs. 3, so endet die Festsetzungsfrist nicht vor Ablauf eines Jahres nach Eingang der Anzeige.

(...)

Auch daraus ist leicht ersichtlich, dass das Verschweigen von Kryptowährungsgewinnen gegenüber dem Finanzamt keine lohnenswerte Strategie ist, sondern mit relativ hoher Wahrscheinlichkeit zu gravierenden finanziellen und persönlichen (Freiheits-) Risiken und Nachteilen führen kann. Wie gravierend diese sein können, ist daher im Einzelfall genau zu prüfen.

Zudem muss davon ausgegangen werden, dass sich die Erkenntnismöglichkeiten der Finanzverwaltung in den kommenden Jahren nicht nur allgemein, sondern auch speziell in Bezug auf Kryptowährungsgewinne deutlich verbessern werden[57]. Dies lässt bereits ein Blick über die Grenzen der Bundesrepublik Deutschland hinaus erkennen.

Einer aktuellen Antwort des parlamentarischen Staatssekretärs im Bundesfinanzministerium vom 29.12.2017 zufolge[58], hat die Bundesanstalt für Finanzdienstleistungsaufsicht (BaFin) Bitcoin als Finanzinstrumente nach dem Kreditwesengesetz qualifiziert.

Dies hat unter anderem zur Folge, dass künftig Tauschplattformen für virtuelle Währungen grundsätzlich der BaFin-Aufsicht unterliegen. Demnach sollen auf europäischer Ebene mit der anstehenden Änderung der 4. Geldwäscherichtlinie alle europäischen Tauschplattformen für virtuelle Währungen sowie Anbieter elektronischer Geldbörsen verpflichtet werden, geldwäscherechtliche Sorgfaltspflichten unter anderem zur Identifizierung ihrer Kunden sowie zur Meldung von verdächtigen Sachverhalten einzuhalten.

Dies soll unabhängig davon gelten, ob diese einer Finanzaufsicht unterliegen oder nicht.

Dies würde – ähnlich dem fast unbemerkt eingetretenen Wegfall des Bankgeheimnisses in der Bundesrepublik Deutschland im Juni 2017 – die bislang noch bestehende Anonymität in diesem Bereich durch eine Identitätspflicht beim Tausch von virtuellen Währungen in reale Währungen ersetzen. Weiterer Handlungsbedarf wird gegenwärtig noch geprüft.

---

[57] Vgl. zur fehlenden Anonymität von Blockchain-Aktivitäten: Patrick Beuth, Die Blockchain ist auch ein Trottel-Archiv, SPIEGEL Online vom 01.02.2018, http://www.spiegel.de/netzwelt/web/bitcoin-und-das-darknet-forscher-enttarnen-drogenkaeufer-a-1190942.html

58 Bundestags-Drucksache 19/370 vom 05.01.2018, Seite 22

Expertenwissen: Wegfall des Bankgeheimnisses ab dem 25.06.2017

Frühere Fassung von § 30a AO („Schutz von Bankkunden"), der während des insoweit von der Öffentlichkeit stärker wahrgenommenen Confed-Cups mit der Konsequenz aufgehoben wurde, dass die Finanzämter nunmehr Kontoauskünfte unmittelbar bei den Banken abrufen können, ohne den Steuerpflichtigen vorher auch nur fragen oder wenigstens informieren zu müssen.

§ 30a Abgabenordnung (Text alte Fassung bis 24.06.2017)

(1) Bei der Ermittlung des Sachverhalts (§ 88) haben die Finanzbehörden auf das Vertrauensverhältnis zwischen den Kreditinstituten und deren Kunden besonders Rücksicht zu nehmen.

(2) Die Finanzbehörden dürfen von den Kreditinstituten zum Zweck der allgemeinen Überwachung die einmalige oder periodische Mitteilung von Konten bestimmter Art oder bestimmter Höhe nicht verlangen.

(3) Die Guthabenkonten oder Depots, bei deren Errichtung eine Legitimationsprüfung nach § 154 Abs. 2 vorgenommen worden ist, dürfen anlässlich der Außenprüfung bei einem Kreditinstitut nicht zwecks Nachprüfung der ordnungsmäßigen Versteuerung festgestellt oder abgeschrieben werden. Die Ausschreibung von Kontrollmitteilungen soll insoweit unterbleiben.

(4) In Vordrucken für Steuererklärungen soll die Angabe der Nummern von Konten und Depots, die der Steuerpflichtige bei Kreditinstituten unterhält, nicht verlangt werden, soweit nicht steuermindernde Ausgaben oder Vergünstigungen geltend gemacht werden oder die Abwicklung des Zahlungsverkehrs mit dem Finanzamt dies bedingt.

(5) Für Auskunftsersuchen an Kreditinstitute gilt § 93. Ist die Person des Steuerpflichtigen bekannt und gegen ihn kein Verfahren wegen einer Steuerstraftat oder einer Steuerordnungswidrigkeit eingeleitet, soll auch im Verfahren nach § 208 Abs. 1 Satz 1 ein Kreditinstitut erst um Auskunft und Vorlage von Urkunden gebeten werden, wenn ein Auskunftsersuchen an den Steuerpflichtigen nicht zum Ziele führt oder keinen Erfolg verspricht.

§ 30a Abgabenordnung (Text neue Fassung ab 25.06.2017)

weggefallen

So wie sich die Finanzämter innerhalb Deutschlands durch sog. Kontrollmitteilungen gegenseitig mit sensiblen Informationen über Steuerpflichtige versorgen, können grenzüberschreitend sog. Auskunftsersuchen an ausländische Behörden gerichtet werden.

Expertenwissen: Kontrollmitteilung

Kontrollmitteilungen sind interne Mitteilungen innerhalb der Finanzverwaltung, bei denen steuerlich relevante Informationen von einem an das andere Finanzamt weitergegeben werden. Meist erfolgt dies um mögliche Steuerstraftaten oder –ordnungswidrigkeiten aufzudecken. Auslöser für die Versendung von Kontrollmitteilungen sind häufig Betriebsprüfungen oder Durchsuchungen im Rahmen von Steuerstrafverfahren, bei denen eine Vielzahl neuer Informationen generiert werden, die über die steuerlichen Angelegenheiten des überprüften Steuerpflichtigen hinausgehen.

Beispiel:

Anlässlich einer Hausdurchsuchung bei einer Bank in Köln stellt ein Steuerfahnder fest, dass zahlreiche Kunden dieser Bank auch Auslandskonten bei einer anderen Bank in der Schweiz unterhalten haben. Für das Jahr 2013 überprüft der Fahnder die Konten des Kunden K aus Düsseldorf bei der Schweizer Niederlassung der Bank und bemerkt ein Kontoguthaben von 2.700.000 € aus dem Zinsen in Höhe von 54.000 € resultierten. Daher verfasst der Fahnder eine Kontrollmitteilung mit der er das Wohnsitzfinanzamt Düsseldorf-Altstadt des K über diesen Vorgang informiert. Daraufhin fordert das Wohnsitzfinanzamt den K auf anzugeben, welche Zinsen und sonstigen Einkünfte er bezogen auf das Jahr 2013 aus bislang nicht deklarierten Konten insgesamt erzielt habe.

Expertenwissen: Auskunftsersuchen:

§ 93 Abgabenordnung

(1) Die Beteiligten und andere Personen haben der Finanzbehörde die zur Feststellung eines für die Besteuerung erheblichen Sachverhalts erforderlichen Auskünfte zu erteilen. Dies gilt auch für nicht rechtsfähige Vereinigungen, Vermögensmassen, Behörden und Betriebe gewerblicher Art der Körperschaften des öffentlichen Rechts. Andere Personen als die Beteiligten sollen erst dann zur Auskunft angehalten werden, wenn die Sachverhaltsaufklärung durch die Beteiligten nicht zum Ziel führt oder keinen Erfolg verspricht.

(1a) Die Finanzbehörde darf an andere Personen als die Beteiligten Auskunftsersuchen über eine ihr noch unbekannte Anzahl von Sachverhalten mit dem Grunde nach bestimmbaren, ihr noch nicht bekannten Personen stellen (Sammelauskunftsersuchen). Voraussetzung für ein Sammelauskunftsersuchen ist, dass ein hinreichender Anlass für die Ermittlungen besteht und andere zumutbare Maßnahmen zur Sachverhaltsaufklärung keinen Erfolg versprechen. Absatz 1 Satz 3 ist nicht anzuwenden.

(2) In dem Auskunftsersuchen ist anzugeben, worüber Auskünfte erteilt werden sollen und ob die Auskunft für die Besteuerung des Auskunftspflichtigen oder für die Besteuerung anderer Personen angefordert wird. Auskunftsersuchen haben auf Verlangen des Auskunftspflichtigen schriftlich zu ergehen.

(3) Die Auskünfte sind wahrheitsgemäß nach bestem Wissen und Gewissen zu erteilen. Auskunftspflichtige, die nicht aus dem Gedächtnis Auskunft geben können, haben Bücher, Aufzeichnungen, Geschäftspapiere und andere Urkunden, die ihnen zur Verfügung stehen, einzusehen und, soweit nötig, Aufzeichnungen daraus zu entnehmen.

(4) Der Auskunftspflichtige kann die Auskunft schriftlich, elektronisch, mündlich oder fernmündlich erteilen. Die Finanzbehörde kann verlangen, dass der Auskunftspflichtige schriftlich Auskunft erteilt, wenn dies sachdienlich ist.

(5) Die Finanzbehörde kann anordnen, dass der Auskunftspflichtige eine mündliche Auskunft an Amtsstelle erteilt. Hierzu ist sie insbesondere dann befugt, wenn trotz Aufforderung eine schriftliche Auskunft nicht erteilt worden ist oder eine schriftliche Auskunft nicht zu einer Klärung des Sachverhalts geführt hat. Absatz 2 Satz 1 gilt entsprechend.

(6) Auf Antrag des Auskunftspflichtigen ist über die mündliche Auskunft an Amtsstelle eine Niederschrift aufzunehmen. Die Niederschrift soll den Namen der anwesenden Personen, den Ort, den Tag und den wesentlichen Inhalt der Auskunft enthalten. Sie soll von dem Amtsträger, dem die mündliche Auskunft erteilt wird, und dem Auskunftspflichtigen unterschrieben werden. Den Beteiligten ist eine Abschrift der Niederschrift zu überlassen.

Der teilweise von der Finanzverwaltung in der Vergangenheit praktizierten Vorgehensweise, auch Dritte – z.B. Kunden – von unwilligen Steuerpflichtigen in die Ermittlungsarbeit zur Vorbereitung eines offiziell noch nicht begonnenen Steuerstrafverfahrens durch ein einfaches Anschreiben des Finanzamts entgegen § 93 Abs. 1 Satz 3 AO und gegen den Willen des Steuerpflichtigen einfach einzubeziehen, wurde durch ein Urteil des BFH im Jahre 2015[59] ein Riegel vorgeschoben.

Wörtlich führte der BFH dabei aus:

> *„Es liegt im Interesse des Klägers, dass Dritte jedenfalls zunächst nichts über eine laufende Betriebsprüfung und --aus Sicht der Prüfer-- möglicherweise nicht erklärte Provisionserlöse erfahren. Er hat ein Anrecht darauf, dass seine Reputation nicht beschädigt wird und seine Geschäftspartner nicht den Eindruck bekommen, er vernachlässige seine steuerlichen Pflichten. Dies ist Ausdruck seines Grundrechts auf informationelle Selbstbestimmung. Zudem entspricht es den Interessen der Dritten, nur in Ausnahmefällen in fremde Besteuerungsverfahren einbezogen zu werden."*

Zu welch gravierenden Auswirkungen ein Auskunftsersuchen für Bitcoin- und andere Kryptowährungsspekulanten führen kann, zeigt ein Beispiel aus den USA:

Die dortige Handelsplattform Coinbase wurde durch ein gerichtliches Urteil dazu gezwungen, der Bundessteuerbehörde IRS die Identität von mehr als 14.000 Anlegern zu offenbaren. Benannt werden mussten im Rahmen dieser Maßnahme all die Nutzer, deren Handelsvolumen in den Jahren 2013 bis einschließlich 2015 auch nur kurzzeitig einen Betrag von 20.000 $ überschritten hatte[60]. Vergleichbare Auskunftsersuchen könnten auch durch die deutschen Finanzbehörden im Wege der internationalen Steuer-

---

[59] BFH, Urteil vom 29.07.2015 – X R 4/14
[60] Vgl. hierzu auch noch Lars Sobiraj, BTC-Echo vom 25.02.2018, Coinbase muss US-Steuerbehörden Daten von 13.000 Nutzern übergeben, https://www.btc-echo.de/coinbase-muss-us-steuerbehoerde-daten-von-13-000-nutzern-uebergeben/

amtshilfe an ausländische Handels-bzw. Tauschplattformen adressiert werden[61].

Selbst dann, wenn mittel- und langfristig solche Maßnahmen von der bundesdeutschen Finanzverwaltung wider Erwarten nicht ergriffen werden sollten, kann sich jeder Steuerpflichtige schon jetzt bewusst machen, wie gefährlich eine mögliche undifferenzierte Verweigerungshaltung gegenüber dem Finanzamt im Detail sein kann.

Die Erfahrung lehrt, dass insbesondere drei Gruppen von Personen, die in der Vergangenheit mit derart vertraulichen Informationen konfrontiert worden sind, einen unberechenbaren Gefahrenherd für den jeweils betroffenen Steuerpflichtigen darstellen. Im Einzelnen handelt es sich um folgende Personen, die sich jeweils im Unfrieden von dem betreffenden Steuerpflichtigen in unterschiedlichen Lebenssituationen getrennt haben:

1. frühere Ehegatten/Lebenspartner/Lebensabschnittsgefährten
2. ehemalige – ggf. vorzeitig oder grundlos entlassene – Mitarbeiter, die das Unternehmen des Steuerpflichtigen verlassen haben
3. ehemalige Mitgesellschafter/Geschäftspartner des jeweiligen Steuerpflichtigen.

Allen diesen Personen ist gemein, dass diese mit dem Steuerpflichtigen noch „eine Rechnung offen" haben, die über den Umweg des Finanzamts vermeintlich elegant beglichen werden kann.

Entgegen landläufiger Auffassung muss hierzu keine offizielle Anzeige beim jeweiligen Finanzamt erstattet werden. In aller Regel reicht ein anonymer Hinweis aus, der hinreichend konkret ist und somit insbesondere die Steuerfahndung in den Stand versetzt, einen möglichen steuerstrafrechtlichen Anfangsverdacht gegen eine konkret bezeichnete Person dem Grunde nach zu begründen.

---

61 Vgl. Nils Obenhaus, Wie sind Bitcoin & Co. in Deutschland zu versteuern? auf whttps://www.anwalt.de/rechtstipps/wie-sind-bitcoin-co-in-deutschland-zu-versteuern_125931.html vom 25.01.2018

Gelingt es auf diesem Weg, dem jeweiligen Steuerpflichtigen jedenfalls in einem oder wenigen Fällen konkret nachzuweisen, dass er in Anbetracht seiner Deklarationspflicht Vorgänge pflichtwidrig nicht angegeben hat, wird das Finanzamt tätig. Dieses ist dann jedenfalls in der Lage, auf dieser Basis die Durchführung eines steuerstrafrechtlichen Ermittlungsverfahrens, darauf aufbauend eine entsprechende steuerliche Schätzung und schließlich gegebenenfalls auch eine strafrechtliche Verurteilung zumindest in die Wege zu leiten.

Sollte sich der betreffende Steuerpflichtige dann mit der Ausrede verteidigen, er habe von einer entsprechenden Steuerpflicht nichts gewusst, wird ihm das in der Regel jedenfalls dann nicht geglaubt werden, wenn er als ausreichend geschäftserfahren eingestuft wird, was in der Regel der Fall ist.

Wenngleich die Steuerhinterziehung in der Regel nur mit einer Geldstrafe geahndet wird, geht die Tendenz zumindest bei gravierenderen Fällen zunehmend auch hin zur Freiheitsstrafe, die im Regelfall von fünf bis zu zehn Jahren betragen kann.
Maßgebende Aspekte für die jeweils erfolgende Strafzumessung ist in erster Linie der entstandene Steuerschaden, mit anderen Worten also der Betrag, der die wegen der fehlenden Angaben nicht gezahlte Steuer repräsentiert.

Selbst in Fällen, in denen eine Freiheitsstrafe bis zu zwei Jahren ausgeurteilt wird, kann diese auf Bewährung für mehrere Jahre ausgesetzt werden. Üblicherweise ist dies zumindest bei Selbstanzeigefällen zu erwarten, jedenfalls dann, wenn es sich hierbei um Ersttäter handelt und der Steuerschaden die Schallmauer von einer Million € nicht durchbricht.

Im Falle des Fußballmanagers Uli Hoeneß kam das zuständige Münchener Strafgericht jedoch auch nach mehrmaligem Nachrechnen immer wieder zu dem durchaus nachvollziehbaren Ergebnis, dass ein Steuerschaden von mehr als 28 Millionen € diese Grenze dann doch merklich überschritten haben dürfte.

Damit wurde in der öffentlichen Wahrnehmung ein Tabu gebrochen: Sogar ein Steuerpflichtiger, der eine Selbstanzeige abgibt, kann dafür dennoch ins Gefängnis wandern.

Dies ist für den davon Betroffenen eine schmerzliche – weil unerwartete – Erkenntnis. Andererseits stellt sich die Frage, wie das Gericht hier noch zu einer bloßen Geldstrafe hätte kommen sollen.

Tendenziell kann aus diesem Fall für die Zukunft aber abgelesen werden, dass die Strafgerichte zunehmend bereit sind, in Steuerhinterziehungsfällen – und zwar selbst bei solchen, die aus Selbstanzeigen resultieren – auch gravierende Freiheitsstrafen zu verhängen.

In Anbetracht der erheblichen Summen, die in Einzelfällen hier hinterzogen werden können, ist jedenfalls davon auszugehen, dass die bundesdeutschen Strafgerichte den eigentlich umfassend zur Anwendung kommenden Grundsatz „in dubio pro reo" (im Zweifel für den Angeklagten) angesichts der geschürten Gewinnfantasien in Kryptowährungsfällen unter Umständen nur sehr zurückhaltend anwenden könnten.

Nach alledem sollte daher Abstand von der Nichtdeklaration auch nur einzelner Vorgänge genommen werden.

Wie sieht es jedoch aus, wenn die Erklärung solcher Einkünfte in der Vergangenheit bereits einfach unterlassen wurde und der Betroffene nun nach Wegen sucht, dieses Defizit straffrei wieder auszugleichen?

Der Gesetzgeber sieht hierfür grundsätzlich zwei unterschiedliche Möglichkeiten vor:

- die Berichtigungsanzeige gemäß § 153 AO
- die Selbstanzeige gemäß § 371 AO

Expertenwissen: Nacherklärung von Einkünften als Berichtigung oder Selbstanzeige (1/3)

Bei einer verspäteten Deklaration von Einkünften bietet die Abgabenordnung entweder die Berichtigung gemäß § 153 AO oder die Selbstanzeige gemäß § 371 AO oder § 378 AO an.

§ 153 Abgabenordnung:

(1) Erkennt ein Steuerpflichtiger nachträglich vor Ablauf der Festsetzungsfrist,

1. dass eine von ihm oder für ihn abgegebene Erklärung unrichtig oder unvollständig ist und dass es dadurch zu einer Verkürzung von Steuern kommen kann oder bereits gekommen ist oder

2. dass eine durch Verwendung von Steuerzeichen oder Steuerstemplern zu entrichtende Steuer nicht in der richtigen Höhe entrichtet worden ist,

so ist er verpflichtet, dies unverzüglich anzuzeigen und die erforderliche Richtigstellung vorzunehmen. Die Verpflichtung trifft auch den Gesamtrechtsnachfolger eines Steuerpflichtigen und die nach den §§ 34 und 35 für den Gesamtrechtsnachfolger oder den Steuerpflichtigen handelnden Personen.

(2) Die Anzeigepflicht besteht ferner, wenn die Voraussetzungen für eine Steuerbefreiung, Steuerermäßigung oder sonstige Steuervergünstigung nachträglich ganz oder teilweise wegfallen.

(3) (...).

Expertenwissen: Nacherklärung von Einkünften als Berichtigung oder Selbstanzeige (2/3)

§ 371 Abgabenordnung

(1) Wer gegenüber der Finanzbehörde zu allen Steuerstraftaten einer Steuerart in vollem Umfang die unrichtigen Angaben berichtigt, die unvollständigen Angaben ergänzt oder die unterlassenen Angaben nachholt, wird wegen dieser Steuerstraftaten nicht nach § 370 bestraft. Die Angaben müssen zu allen unverjährten Steuerstraftaten einer Steuerart, mindestens aber zu allen Steuerstraftaten einer Steuerart innerhalb der letzten zehn Kalenderjahre erfolgen.

(2) Straffreiheit tritt nicht ein, wenn

1. bei einer der zur Selbstanzeige gebrachten unverjährten Steuerstraftaten vor der Berichtigung, Ergänzung oder Nachholung

a) dem an der Tat Beteiligten, seinem Vertreter, dem Begünstigten im Sinne des § 370 Absatz 1 oder dessen Vertreter eine Prüfungsanordnung nach § 196 bekannt gegeben worden ist, beschränkt auf den sachlichen und zeitlichen Umfang der angekündigten Außenprüfung, oder

b) dem an der Tat Beteiligten oder seinem Vertreter die Einleitung des Straf- oder Bußgeldverfahrens bekannt gegeben worden ist oder

c) ein Amtsträger der Finanzbehörde zur steuerlichen Prüfung erschienen ist, beschränkt auf den sachlichen und zeitlichen Umfang der Außenprüfung, oder

d) ein Amtsträger zur Ermittlung einer Steuerstraftat oder einer Steuerordnungswidrigkeit erschienen ist oder

(…).

2. eine der Steuerstraftaten im Zeitpunkt der Berichtigung, Ergänzung oder Nachholung ganz oder zum Teil bereits entdeckt war und der Täter dies wusste oder bei verständiger Würdigung der Sachlage damit rechnen musste,

3. die nach § 370 Absatz 1 verkürzte Steuer oder der für sich oder einen anderen erlangte nicht gerechtfertigte Steuervorteil einen Betrag von 25 000 Euro je Tat übersteigt, oder

4. ein in § 370 Absatz 3 Satz 2 Nummer 2 bis 6 genannter besonders schwerer Fall vorliegt. (…).

(3) Sind Steuerverkürzungen bereits eingetreten oder Steuervorteile erlangt, so tritt für den an der Tat Beteiligten Straffreiheit nur ein, wenn er die aus der Tat zu seinen Gunsten hinterzogenen Steuern, die Hinterziehungszinsen nach § 235 und die Zinsen nach § 233a, soweit sie auf die Hinterziehungszinsen nach § 235 Absatz 4 angerechnet werden, innerhalb der ihm bestimmten angemessenen Frist entrichtet. (…).

> Expertenwissen: Nacherklärung von Einkünften als Berichtigung oder Selbstanzeige (3/3)
>
> *378 Abs. 3 AO*
>
> *(...)*
>
> *(3) Eine Geldbuße wird nicht festgesetzt, soweit der Täter gegenüber der Finanzbehörde die unrichtigen Angaben berichtigt, die unvollständigen Angaben ergänzt oder die unterlassenen Angaben nachholt, bevor ihm oder seinem Vertreter die Einleitung eines Straf- oder Bußgeldverfahrens wegen der Tat bekannt gegeben worden ist. Sind Steuerverkürzungen bereits eingetreten oder Steuervorteile erlangt, so wird eine Geldbuße nicht festgesetzt, wenn der Täter die aus der Tat zu seinen Gunsten verkürzten Steuern innerhalb der ihm bestimmten angemessenen Frist entrichtet. § 371 Absatz 4 gilt entsprechend.*

Die **Berichtigungsanzeige** findet immer dann Anwendung, wenn dem Steuerpflichtigen nachträglich auffällt, dass er einen Teil seiner Steuererklärungspflicht in der Vergangenheit verletzt hat, obwohl dies gerade nicht seiner Intention entsprach.

Beispiel:
Oma O hat ein Haus an ein Ehepaar seit 2012 für jährlich 20.000 € vermietet. Im Januar 2015 fragten die Mieter an, ob sie auch die bislang von O genutzte Garage anmieten könnten. Da O nur wenige Wochen zuvor ihr letztes Auto verkauft hatte, war sie gegen Zahlung einer monatlichen Miete in Höhe von 150 € damit einverstanden. O hatte jedoch in der Folge vergessen, diese Änderung der Verhältnisse ihrer Enkelin E, die jedes Jahr ihre Steuererklärung erstellt, mitzuteilen.

Als E die Steuererklärung für das Jahr 2017 vorbereitet, offenbart ihr O das Versäumnis.

E berichtigt daraufhin im Zuge der Abgabe der Einkommensteuererklärung für 2017 auch die Mieteinnahmen für die Jahre 2015 und 2016.

In der Praxis kommen solche Fälle relativ häufig bei älteren oder gehandicapten Menschen vor. Je nach Intensität und Vermeidbarkeit des jeweiligen Versäumnisses ist es jedoch nicht ausgeschlossen, dass das jeweilige Finanzamt auch in einem solchen Fall daraufhin ein steuerstrafrechtliches Ermittlungsverfahren in die Wege leitet.

Diese Regelung der **Selbstanzeige** nimmt im deutschen Strafrecht eine Ausnahmestellung ein.

Die Selbstanzeigemöglichkeit verschafft dem Steuerhinterzieher die exklusive Möglichkeit sich – anders als in allen sonstigen Straftatbeständen der deutschen Rechtsordnung – trotz Vorliegens einer vollendeten Straftat durch nachträgliche Offenlegung des pflichtwidrigen Unterlassens von seinem negativen Tun nahezu vollständig wieder distanzieren zu können.

Um den Weg zurück in die Steuerehrlichkeit aber „unfallfrei" beschreiten zu können, darf die Tat zum einen noch nicht „entdeckt" und muss zum anderen die jeweilige Steuerart (also z.B. Einkommensteuer oder Erbschaftsteuer) betreffend vollständig offengelegt werden.

Expertenwissen: Wann ist die Steuerstraftat „entdeckt" – Rechtsprechung zum Kauf einer Steuer-CD

In seinem Beschluss vom 30.10.2015 – 2 Ss 63/15 (71/15), hat das Oberlandesgericht Schleswig-Holstein entschieden, dass die Selbstanzeige ausgeschlossen ist, wenn in den Medien eine Berichterstattung über den Ankauf einer Steuer-CD erfolgt und dabei offen gelegt wird welche Daten von welchen Banken sich auf der CD befinden.

Bei solch einer Sachverhaltskonstellation müsse der Steuerpflichtige mit der Entdeckung seiner Tat rechnen, auch wenn eine gewisse Unsicherheit bleibt. In diesem Fall könne der Täter allenfalls darauf hoffen, dass die CD zufälligerweise keine Daten zu seinen Kontoverbindungen enthalten würde.

Dies muss im Ergebnis dazu führen, dass das Finanzamt in den Stand versetzt wird, selbst und umfassend die jeweils nachträglich fällig werdende Steuer ohne weitere Mithilfe des Steuerpflichtigen berechnen zu können.

Werden also im Einzelfall Informationen erst nach Einreichung der Selbstanzeige mitgeteilt (wie im Falle Hoeneß dem Vernehmen nach rund 70.000 Seiten), so kann insoweit keine Straffreiheit mehr erlangt werden.

Soweit ein Steuerpflichtiger also nachträglich Einnahmen gegenüber dem Finanzamt deklariert, sollte er dies tunlichst unter Offenlegung aller dazu verfügbarer Details in gut dokumentierter Form tun.

Überschreibt er diese Anzeige mit „Selbstanzeige", so impliziert diese Bezeichnung allerdings auch bereits, dass der Nacherklärende – anders als im Fall der Einreichung einer „Berichtigung" – selbst davon ausgeht, in der Vergangenheit insoweit eine Steuerstraftat begangen zu haben.
Daher gilt auch für Bitcoin-Profiteure:
Die vollständige Offenlegung von Einnahmen aus Kryptowährungsgeschäften ist in jedem Fall erforderlich.
Auf eine fehlende Entdeckung einer Steuerhinterziehung sollte man sich nicht verlassen.
Die Finanzverwaltung wird über kurz oder lang in der Lage sein, eine Vielzahl solcher Fälle zu recherchieren und (nachzu-) besteuern.
Ob es dann noch die Möglichkeit einer strafbefreienden Selbstanzeige geben wird, ist jedenfalls alles andere als sicher.

Kapitel 16:
Zivil- und vollstreckungsrechtliche Aspekte

(Joerg Andres)

Die Fälschungssicherheit der Blockchain-Technologie berührt fundamentale Prinzipien des deutschen Zivilrechts.

Jede Transaktion, die durchgeführt wird, wird auf der Blockchain verewigt und kann durch die Vielzahl der involvierten Rechner, auf denen dieser Vorgang gespeichert ist, insoweit auch nicht mehr korrigiert werden.

Dies aber steht z.B. dem Anfechtungsrecht des BGB aus §§ 119, 123 BGB diametral entgegen. Dem geltenden Zivilrecht zufolge ist es im Rahmen der dort gegebenen Möglichkeiten zulässig, eine Einigung über den Abschluss eines Vertrages bei Vorliegen eines Anfechtungsgrundes im Nachhinein wirksam anzufechten oder eine abgegebene Willenserklärung auch ohne Anfechtungsgrund zu widerrufen, und den Vorgang so behandeln zu lassen, als hätte er nie stattgefunden, wenn der Vertragspartner, z.B. als Verbraucher, besonders schutzwürdig ist.

Expertenwissen: Anfechtungsmöglichkeiten im Zivilrecht (1/2)

Bereits abgeschlossene Verträge können unter bestimmten Voraussetzung nachträglich noch wirksam angefochten werden.

§ 119 BGB

(1) Wer bei der Abgabe einer Willenserklärung über deren Inhalt im Irrtum war oder eine Erklärung dieses Inhalts überhaupt nicht abgeben wollte, kann die Erklärung anfechten, wenn anzunehmen ist, dass er sie bei Kenntnis der Sachlage und bei verständiger Würdigung des Falles nicht abgegeben haben würde.

(2) Als Irrtum über den Inhalt der Erklärung gilt auch der Irrtum über solche Eigenschaften der Person oder der Sache, die im Verkehr als wesentlich angesehen werden.

§ 123 BGB

(1) Wer zur Abgabe einer Willenserklärung durch arglistige Täuschung oder widerrechtlich durch Drohung bestimmt worden ist, kann die Erklärung anfechten.

(2) Hat ein Dritter die Täuschung verübt, so ist eine Erklärung, die einem anderen gegenüber abzugeben war, nur dann anfechtbar, wenn dieser die Täuschung kannte oder kennen musste. Soweit ein anderer als derjenige, welchem gegenüber die Erklärung abzugeben war, aus der Erklärung unmittelbar ein Recht erworben hat, ist die Erklärung ihm gegenüber anfechtbar, wenn er die Täuschung kannte oder kennen musste.

Die wirksame Anfechtung führt zur anfänglichen Unwirksamkeit des Vertrages.

§ 142 BGB

(1) Wird ein anfechtbares Rechtsgeschäft angefochten, so ist es als von Anfang an nichtig anzusehen.

(2) Wer die Anfechtbarkeit kannte oder kennen musste, wird, wenn die Anfechtung erfolgt, so behandelt, wie wenn er die Nichtigkeit des Rechtsgeschäfts gekannt hätte oder hätte kennen müssen.

Darüber hinaus sieht das BGB u.a. für Verbraucher ein besonderes Widerrufsrecht bei Rechtsgeschäften vor. Dazu bedarf es keines Widerrufsgrundes, sondern lediglich eines form- und fristgerechten Widerrufs.

Expertenwissen: Anfechtungsmöglichkeiten im Zivilrecht (2/2)

§ 355 BGB

(1) Wird einem Verbraucher durch Gesetz ein Widerrufsrecht nach dieser Vorschrift eingeräumt, so sind der Verbraucher und der Unternehmer an ihre auf den Abschluss des Vertrags gerichteten Willenserklärungen nicht mehr gebunden, wenn der Verbraucher seine Willenserklärung fristgerecht widerrufen hat. Der Widerruf erfolgt durch Erklärung gegenüber dem Unternehmer. Aus der Erklärung muss der Entschluss des Verbrauchers zum Widerruf des Vertrags eindeutig hervorgehen. Der Widerruf muss keine Begründung enthalten. Zur Fristwahrung genügt die rechtzeitige Absendung des Widerrufs.

(2) Die Widerrufsfrist beträgt 14 Tage. Sie beginnt mit Vertragsschluss, soweit nichts anderes bestimmt ist.

(3) Im Falle des Widerrufs sind die empfangenen Leistungen unverzüglich zurückzugewähren. Bestimmt das Gesetz eine Höchstfrist für die Rückgewähr, so beginnt diese für den Unternehmer mit dem Zugang und für den Verbraucher mit der Abgabe der Widerrufserklärung. Ein Verbraucher wahrt diese Frist durch die rechtzeitige Absendung der Waren. Der Unternehmer trägt bei Widerruf die Gefahr der Rücksendung der Waren.

Anfechtung und/oder Widerruf sind bei der Blockchain-Technologie schlicht nicht vorgesehen.[62]

Wie also soll das geltende Recht mit dieser systemimmanenten Unpässlichkeit umgehen?

Ausgehend von den unterschiedlichen Gesichtspunkten, aus denen heraus ein Bitcoin rechtlich beurteilt werden kann, fragt es sich, welcher Aspekt der jeweils zentrale sein soll.Dies kann ausschlaggebend dafür sein, wie z.B. in Bitcoins vollstreckt werden kann.Bislang gibt es in Deutschland noch keine Urteile, die sich mit der Vollstreckung in Bitcoins oder andere digitale Währungen beschäftigen würden[63].

---

[62] Wolfgang König, Joachim Schrey, Bremst das Recht die Blockchain?, https://www.noerr.com/de/newsroom/News/bremst-das-recht-die-blockchain.aspx

[63] Stephan Bausch, Simon Heetkamp, Zwangsvollstreckung in Bitcoins, 24.11.2017, https://www.luther-lawfirm.com/blog/complex-disputes/zwangsvollstreckung-in-bitcoins.html

Beispiel:

Zocker Z hat in seiner Einkommensteuererklärung für 2017 seine erfolgreichen Bitcointransaktionen aus 2017 nicht angegeben, weil er bereits sämtliche in € umgewandelten Gewinne in die nahegelegene Spielbank getragen hat. Dort hatte er jeweils auf seine Glückszahl „17" gesetzt. Meist kamen aber Zahlen wie die 18, die 26 oder die 32. Das Finanzamt hat von den Kryptogewinnen Wind bekommen und eine satte Schätzung mit einer Steuernachzahlung von 180.000 € ausgebracht. Z hat allerdings kein Bargeld und auch keine €-Bankguthaben mehr. Auf seiner Wallet sind noch 10 Bitcoins. Das Finanzamt möchte diese nun schnellstmöglich pfänden.

Ist das zulässig, und wenn ja, in welcher Form läuft das konkret ab?

Lösung:

Ein Bitcoin ist wegen fehlender insoweit erforderlicher Körperlichkeit keine Sache im Sinne des § 90 BGB, so dass die dafür vorgesehenen Vollstreckungsvorschriften nicht anwendbar sein dürften.

In Betracht kommt jedoch die Annahme, dass es sich bei einem Bitcoin um einen sonstigen Gegenstand im Sinne des § 453 Abs. 1 Alt. 2 BGB handelt[64].

Expertenwissen: Bitcoins als „sonstige Gegenstände" im Rahmen des Rechtskaufs

§ 453 BGB

(1) Die Vorschriften über den Kauf von Sachen finden auf den Kauf von Rechten und sonstigen Gegenständen entsprechende Anwendung.

(2) Der Verkäufer trägt die Kosten der Begründung und Übertragung des Rechts.

(3) Ist ein Recht verkauft, das zum Besitz einer Sache berechtigt, so ist der Verkäufer verpflichtet, dem Käufer die Sache frei von Sach- und Rechtsmängeln zu übergeben.

---

[64] Stephan Bausch, Simon Heetkamp, Zwangsvollstreckung in Bitcoins, 24.11.2017, https://www.luther-lawfirm.com/blog/complex-disputes/zwangsvollstreckung-in-bitcoins.html

Expertenwissen: Vollstreckung durch Erwirkung einer unvertretbaren Handlung gemäß § 888 ZPO

§ 888 Zivilprozessordnung

(1) Kann eine Handlung durch einen Dritten nicht vorgenommen werden, so ist, (...) zu erkennen, dass der Schuldner zur Vornahme der Handlung durch Zwangsgeld (...) oder durch Zwangshaft anzuhalten sei. Das einzelne Zwangsgeld darf den Betrag von 25 000 Euro nicht übersteigen. (...).

In der zweiten geschilderten Variante käme eine Pfändung eines die Bitcoins betreffenden Herausgabeanspruchs des Schuldners gegenüber einem Dritten nach § 857 ZPO in Betracht.

Bitcoins sind jedenfalls Vermögenswerte, an denen ein Vollstreckungsinteresse besteht.

Je nach Titelinhalt ist in Bezug auf die Art der Vollstreckung zu unterscheiden. Zum einen kommt ein Titel auf *Vornahme der Übertragung von Bitcoins* in Betracht. Zum anderen könnte ebenso eine *Geldforderung* tituliert werden.

In der erstgenannten Variante erfolgt die Zwangsvollstreckung durch die Erwirkung einer unvertretbaren Handlung nach § 888 ZPO.

Als unvertretbare Handlung ist dabei die Übertragung der Bitcoin-Einheiten anzusehen. Ein außenstehender Dritter könnte diese nicht vornehmen, da ihm mangels Passworts der Zugang zu dem Rechner fehlen würde und er außerdem keine Kenntnis vom genauen Speicherort der privaten Schlüssel hätte.

Schließlich benötigte man zur Übertragung der Bitcoins die Mitwirkung des Schuldners. Bei Weigerung könnte dieser mittels Verhängung eines Zwangsgeldes oder durch Zwangshaft gefügig gemacht werden[65].

---

[65] Stephan Bausch, Simon Heetkamp, Zwangsvollstreckung in Bitcoins, 24.11.2017, https://www.luther-lawfirm.com/blog/complex-disputes/zwangsvollstreckung-in-bitcoins.html

Expertenwissen: Zwangsvollstreckung in andere Vermögensrechte

§ 857 Zivilprozessordnung

(1) Für die Zwangsvollstreckung in andere Vermögensrechte, die nicht Gegenstand der Zwangsvollstreckung in das unbewegliche Vermögen sind, gelten die vorstehenden Vorschriften entsprechend.

(2) Ist ein Drittschuldner nicht vorhanden, so ist die Pfändung mit dem Zeitpunkt als bewirkt anzusehen, in welchem dem Schuldner das Gebot, sich jeder Verfügung über das Recht zu enthalten, zugestellt ist.

(3) Ein unveräußerliches Recht ist in Ermangelung besonderer Vorschriften der Pfändung insoweit unterworfen, als die Ausübung einem anderen überlassen werden kann.

(4) Das Gericht kann bei der Zwangsvollstreckung in unveräußerliche Rechte, deren Ausübung einem anderen überlassen werden kann, besondere Anordnungen erlassen. Es kann insbesondere bei der Zwangsvollstreckung in Nutzungsrechte eine Verwaltung anordnen; in diesem Fall wird die Pfändung durch Übergabe der zu benutzenden Sache an den Verwalter bewirkt, sofern sie nicht durch Zustellung des Beschlusses bereits vorher bewirkt ist.

(5) Ist die Veräußerung des Rechts selbst zulässig, so kann auch diese Veräußerung von dem Gericht angeordnet werden.

(...)

Expertenwissen: Vollstreckung durch das Finanzamt nach der Abgabenordnung

§ 285 Abgabenordnung

(1) Die Vollstreckungsbehörde führt die Vollstreckung in bewegliche Sachen durch Vollziehungsbeamte aus.

(2) Dem Vollstreckungsschuldner und Dritten gegenüber wird der Vollziehungsbeamte zur Vollstreckung durch schriftlichen oder elektronischen Auftrag der Vollstreckungsbehörde ermächtigt; der Auftrag ist auf Verlangen vorzuzeigen.

§ 321 Abgabenordnung

(1) Für die Vollstreckung in andere Vermögensrechte, die nicht Gegenstand der Vollstreckung in das unbewegliche Vermögen sind, gelten die vorstehenden Vorschriften entsprechend.

(2) Ist kein Drittschuldner vorhanden, so ist die Pfändung bewirkt, wenn dem Vollstreckungsschuldner das Gebot, sich jeder Verfügung über das Recht zu enthalten, zugestellt ist.

(3) Ein unveräußerliches Recht ist, wenn nichts anderes bestimmt ist, insoweit pfändbar, als die Ausübung einem anderen überlassen werden kann.

(4) Die Vollstreckungsbehörde kann bei der Vollstreckung in unveräußerliche Rechte, deren Ausübung einem anderen überlassen werden kann, besondere Anordnungen erlassen, insbesondere bei der Vollstreckung in Nutzungsrechte eine Verwaltung anordnen; in diesem Fall wird die Pfändung durch Übergabe der zu benutzenden Sache an den Verwalter bewirkt, sofern sie nicht durch Zustellung der Pfändungsverfügung schon vorher bewirkt ist.

Eine Vollstreckung in Bitcoins durch das Finanzamt kann von diesem selbst durchgeführt werden, da jedes Finanzamt in der Regel über eine eigene Vollstreckungsabteilung, die sog. Erhebung, verfügt.

Kapitel 17:
Fazit und
Zehn-Fragen-Katalog

(Joerg Andres & Michael Huss)

Die rasante Entwicklung bei Bitcoin & Co. hat einen überwiegend verwaltungsbezogenen Handlungsbedarf zu Tage gefördert, der von den Finanzämtern mangels ausreichenden zeitlichen Vorlaufs, geeigneter Schulungsmöglichkeiten und vor allem aufgrund fehlender Verwaltungsanweisungen derzeit noch nicht zufriedenstellend aufgefangen werden kann.

Folgende zehn Fragen, die teilweise auch schon außerhalb des Steuerrechts ansetzen, verlangen nach unserer Auffassung am dringendsten nach einer zumindest vorläufigen und handhabbaren Klärung, um die derzeit herrschende Verunsicherung bei Steuerpflichtigen und Finanzbeamten zufriedenstellend auszuräumen:

1. Wie soll eine zweifelsfreie zivilrechtliche Einordnung von Bitcoin und anderen derzeit führenden Kryptowährungen wie Ethereum, Ripple, Dash und Monero auf Basis des BGB konkret aussehen?

2. Wie ist zivilrechtlich mit der fehlenden Umkehrbarkeit der Blockchain-Technologie umzugehen, die derzeit z.B. im Zivilrecht nicht abgebildet werden kann?

3. Welche Vollstreckungsvorschriften sollen in welcher Form in Bezug auf Kryptowährungen zur Anwendung kommen?

4. Welche Kriterien sollen in Bezug auf einen digitalen Nachlass gelten und wie wirken sich diese auf Kryptowährungen aus?

5. Wann wird ein Rahmenwerk vorgelegt werden, das jeden einzelnen Coin individuell einordnet, bewertet und auf Grundlage des Bewertungsergebnisses das dazu passende – bereits bestehende – Besteuerungskonzept zu Grund legt?

6. In welcher Form sind Nachweise zu den unterschiedlichen Kryptowährungsgeschäften vom Steuerpflichtigen im Rahmen von dessen Mitwirkungspflichten gemäß §§ 90 ff. AO zu erbringen?

7. In welchem Rahmen und anhand welcher Kriterien sind bei Verletzung der vorgenannten Mitwirkungspflichten seitens der Finanzverwaltung stattdessen Schätzungen zulässig?

8. In welchem Rahmen und anhand welcher Kriterien dürfen zulässige Schätzungen der Finanzverwaltung zu Lasten des Steuerpflichtigen im Rahmen eines steuerstrafrechtlichen Prozesses von den Gerichten auch einer strafrechtlichen Verurteilung zugrunde gelegt werden?

9. Anhand welcher Kriterien kann zuverlässig abgeleitet werden, ab wann aus einer privaten Tätigkeit in Bezug auf das Traden mit Kryptowährungen eine gewerbliche Tätigkeit wird?

10. Anhand welcher Kriterien kann abgeleitet werden, welche Umsätze, die aus Kryptowährungsgeschäften resultieren, ggf. zusätzlich umsatzsteuerbefreit sind?

Kapitel 18: Ausblick

(Joerg Andres)

Für den Gesetzgeber gilt es, zügig den bestehenden Handlungsbedarf im Bereich der Kryptowährungsbesteuerung aufbauend auf einer zivilrechtlichen Erkenntnisbasis zu identifizieren. Die Aufgaben im eigenen Zuständigkeitsbereich müssen national angegangen werden. Dabei kommt es weniger auf den jetzt aktuell zu regelnden Kryptowährungsbereich, der oft als „Blase" abgetan wird, als vielmehr auf die generelle gesetzgeberische Weichenstellung im Umgang mit der rasant wachsenden virtuellen Realität und deren Integration in das teilweise seit mehr als 100 Jahren bestehende juristische Rechts- und Wertesystem der Bundesrepublik an.

Dabei ist Deutschland als Zukunftsstandort gefordert für den es verlässliche, berechenbare und vor allem verständliche gesetzliche Rahmenbedingungen geben muss.

Unter internationalen Gesichtspunkten wird es zur Steuerharmonisierung extrem wichtig sein, die Erfahrungen anderer Länder – wie der Schweiz oder Estland – die hier bereits Vorreiterrollen übernommen haben, für die Bundesrepublik Deutschland schnellstmöglich nutzbar zu machen und insbesondere auch eine koordinierte Vorgehensweise zu ermöglichen. Hier geht es schon geraume Zeit nicht mehr darum, einen vermeintlichen Vorsprung zu verteidigen, sondern einen über Jahre entstandenen erheblichen Rückstand endlich zu verkürzen.

Für die Finanzverwaltung wird es maßgebend sein, den eigenen Kompetenzbereich – und auch dessen Grenzen – auf dieser teilweise ungewissen Grundlage richtig einzuschätzen. Dabei muss die Verwaltung das zutreffende Maß für eine ausgewogene Balance zwischen eigenem Gestalten, angemessenem Eingreifen und noch hinnehmbarem Geschehenlassen in Bezug auf diese neue Materie finden.

Schließlich wird die in Deutschland bislang mit dem Phänomen der Kryptowährungen im steuerlichen Bereich noch nicht befasste Rechtsprechung in jedem einzelnen Fall genau zu prüfen haben, an welchen Stellen bestehende Gesetze zu weit ausgelegt und dadurch die Freiheitsrechte des Einzelnen zu stark beschnitten wurden, wo noch weiterer gesetzgeberischer Handlungsbedarf besteht und wo die Finanzverwaltung durch – vermeintlich erforderliche – eigene Aktivitäten ggf. einmal über das Ziel hinausgeschossen sein wird.

Dabei wird man auch die durchaus prägende Rechtsprechung des Europäischen Gerichtshofs und die Bedürfnisse eines wachsenden Marktes mit zunehmender Relevanz für die deutsche Wirtschaft im Blick behalten müssen.

Alles in allem eine gewaltige Aufgabe, bei der eines nicht zur Verfügung steht: Zeit.

D) Stichwortverzeichnis

E) Bonus-Track: Top 25 FAQs

(Joerg Andres)

1. Sind alle Trades steuerpflichtig?

Hier muß man unterscheiden.

Wird ein Trade innerhalb eines Jahres ab Kauf eines Coins ausgeführt und erreicht der Veräußerungsgewinn zumindest 600,00 € (oder mehr) ist grundsätzlich von der Einkommensteuerpflicht dieses Trades auszugehen.

Erfolgt eine Veräußerung erst nach Ablauf eines Jahres, bleibt der Trade einkommensteuerfrei, soweit es sich um eine nicht gewerblich agierende Privatperson handelt.

2. Kann ich meinen Jahresabschluss selber machen?

Prinzipiell ja. Allerdings ist in der Praxis davon abzuraten, da ein selbst erstellter Jahresabschluss von der Finanzverwaltung in der Regel stärker hinterfragt werden wird, als ein vom Steuerberater angefertigter.

3. Wie erkenne ich, ob ich bei einem Trade Steuern abführen   muss?

Grundsätzlich daran, dass der veräußerte Coin weniger als 1 Jahr gehalten wurde und mit Gewinn veräußert worden ist (= Veräußerungspreis ./. Anschaffungskosten ./. sonstiger Aufwand = Gewinn). Ob dann tatsächlich eine Steuer darauf anfällt, hängt u.a. davon ab, ob dies der einzige erfolgreiche Trade war oder der Gewinn durch Verluste kompensiert wurde.

4. Wie viel Steuern muss ich bezahlen?

Das hängt nicht nur von den Kryptowährungsgewinnen, sondern auch den sonstigen Einkünften und dem sich daraus ergebenden individuellen Steuersatz ab, so dass diese Frage nicht pauschal beantwortet werden kann.

5. Wie sieht das bei einem ICO oder Token aus?

Ob und inwieweit generell Tokens als immaterielle Wirtschafts-güter (v.A. in Bezug auf die Einkommensteuer) gelten, muß im Einzelfall – je nach Token – geprüft werden. Naheliegend er-scheint, dass die Finanzverwaltung die Tokens durchgängig wie immaterielle Wirtschaftsgüter behandeln wird, solange keine an-derslautenden Informationen von Seiten des Gesetzgebers er-gehen.

6. Muss ich meine Einlage versteuern, wenn diese 1:1 in unter einem Jahr ausbezahlt wird?

Wer lediglich seinen Einsatz bei einem einzigen Trade wieder zurückbekommt, erzielt keinen Gewinn, der steuerpflichtig wäre. Es kann aber sinnvoll sein, den Trade trotzdem anzugeben, damit das Finanzamt selbst prüfen kann, ob der Vorgang ggf. falsch be-urteilt wurde oder mit anderen Vorgängen zusammenhängt und daher anders qualifiziert werden muss.

7. Ist Währungstausch steuerpflichtig?

a. Ein „Währungstausch" im Sinne von Transaktionen von Bitcoin zu Altcoin ist innerhalb der Spekulationsfrist grds. einkommensteuerbar und oft auch einkommensteuer-pflichtig. Ein Tausch in FIAT-Währungen in der Regel auch.

Ausnahme: Zwischen jedem Wechsel liegt mindestens ein volles Jahr.

b. Da der Europäische Gerichtshof in einem Urteil aus Ok-tober 2015 entschieden hat, dass der „Währungstausch" von Bitcoin in FIAT-Währung (und umgekehrt) im Bereich der Umsatzsteuer („Mehrwertsteuer") steuerfrei ist, wird diese Aussage oft fälschlich generell auch auf die Einkom-mensteuer bezogen. Zur Einkommensteuer hat sich der EuGH dabei aber nicht geäußert. Im Übrigen auch nicht zum Umtausch von Bitcoins in Altcoins.

8. Welche Möglichkeiten der Dokumentation habe ich?

a. Die gute alte Excel-Liste ist nur noch für die geeignet, die übers Jahr nur wenige Trades ausführen und zusätzlich alles selbst machen wollen.

b. Bessere Möglichkeiten bieten eindeutig die Apps von:

(1) CoinTracking

(2) Cryptotax

Details dazu in Kapitel 14: Steuererklärung und Dokumentationsfragen

9. Welche Grenze zur Steuerfreiheit habe ich?

Die Freigrenze von unter 600,00 € (= 599,99 €) ergibt sich aus § 23 Abs. 3 S. 5 EStG

10. Bis wann muss ich meine Steuererklärung abgeben?

Grundsätzlich bis zum 31.05. des jeweiligen Folgejahres, also für das Kalenderjahr 2017 bis zum 31.05.2018. Lässt man die Steuererklärung von einem Steuerberater, Wirtschaftsprüfer oder Rechtsanwalt anfertigen, endet die Frist zur Abgabe für die ESt-Erklärung 2017 dann am 31.12.2018.

11. Muss ich mir vor Ort einen Steuerberater suchen?

Nein, ein Steuerberater muss nicht am Wohnort des Steuerpflichtigen sitzen. Übrigens auch nicht am Ort des Finanzamts, bei dem die Steuererklärung eingereicht wird.

12. Wie werden Kryptos besteuert, wenn ich keinen Nachweis mehr über Trades habe?

Falls keine Nachweise über die Einkünfte erbracht werden oder nicht mehr beschafft werden können, ist das Finanzamt zur Schätzung der Einkünfte berechtigt. Hiervor machen die Finanzämter regelmäßig auch Gebrauch.

13. Wenn ich im letzten Jahr (= 2017) einen Coin gekauft und diesen dann im Jahr 2018 verkauft habe, zählt das zur Steuererklärung für 2017 oder 2018?

Da der Verkauf erst in 2018 erfolgt ist und auch dann erst ermittelt werden kann, ob beim Verkauf ein Gewinn oder ein Verlust herausgekommen ist, ist dieser Trade grundsätzlich erst in der Einkommensteuererklärung für 2018 anzusetzen.

14. Müssen meine Trades vom letzten Jahr, trotz Nichtauszahlung in Euro, trotzdem versteuert werden? Also muss ich, wenn ich dieses Jahr meine Steuererklärung vom letzten Jahr mache, Steuern drauf zahlen?

Wenn diese Trades im letzten Jahr z.B. so abliefen, dass BTC in ETH oder von BTC oder ETH in Altcoins getauscht wurde, dann stellt jeder einzelne Trade eine Transaktion dar, die zugleich einen Anschaffungs- und Veräußerungsvorgang beinhaltet. Dabei kommt es nicht darauf an, ob der Gegenwert des Verkaufs in Euro ausgezahlt oder in eine andere Kryptowährung umgerechnet wurde. Die bloße Umrechnungsmöglichkeit in Euro reicht insoweit aus.

15. Darf ich für meine Familie traden oder Geld von Freunden annehmen? Worauf muss ich achten?

Die sichere Variante ist, keine „Aufträge" Dritter anzunehmen und nicht im eigenen Namen für andere zu traden. Spätestens dann, wenn man beginnt, für andere Konten einzurichten und mit Hilfe der insoweit dann bekannten Zugangsdaten für diese zu traden, um sich dadurch etwas dazuzuverdienen, begibt man sich in einen Graubereich von Geschäften, die Banken vorbehalten sind und in dem empfindliche Strafen drohen.

16. Ich habe verschiedene Coins gemined im Zeitraum von 2014 bis heute, habe aber keine Unterlagen und auch kein Gewerbe angemeldet. Was mache ich jetzt?

Das Mining wird von der Finanzverwaltung im Zweifel immer als gewerbliche Tätigkeit eingestuft werden. Daher sollte geprüft werden, in welchem Umfang hier gemined wurde, welche Steuerarten betroffen sein können (Einkommensteuer/Körperschaftsteuer, Gewerbesteuer und Umsatzsteuer) bevor hier eine vorschnelle Entscheidung getroffen wird.

17. Wann muss ich die Mining-Steuer bezahlen?

Ich bekomme am 06. Januar 2017 zum Beispiel 1 ETH – der ist 1000 € wert. Muss ich dann Steuer bezahlen? Ich habe den Gewinn ja dann noch nicht realisiert

Zumeist wird beim Mining von einer gewerblichen Tätigkeit auszugehen sein, d.h. die zufließenden Coins sind in der Bilanz des Gewerbetreibenden zu erfassen. Mit Ablauf des betreffenden Wirtschaftsjahres führen die geminten Coins im Rahmen des Betriebsvermögensvergleichs zu steuerpflichtigen Betriebseinnahmen, die potentiell auch Ertragsteuern (Einkommensteuer/Körperschaftsteuer + Gewerbesteuer) auslösen. Wird der Gewinn hingegen durch Einnahmen-Überschuß-Rechnung ermittelt, werden die zugeflossenen Coins als Einnahmen i.S.d. § 8 EStG zu qualifizieren sein, insb. wenn man bedenkt, dass der Gewerbebetrieb keine andere Funktion hat, außer solche Coins zu minen.

Selbst wenn das Finanzamt in einem speziellen Einzelfall keinen Gewerbebetrieb annehmen sollte, wird es sich im Zweifel dennoch um steuerbare Einnahmen (sonstige Einkünfte) handeln. Zumindest ist derzeit davon auszugehen, dass dies so beurteilt werden wird. Daher sollten alle geminten Coins der Finanzverwaltung auch angezeigt werden.

18. Ich habe keine Unterlagen mehr über alte Trades. Was gebe ich bei der Steuer an?

Hier wird nur eine Aufstellung helfen, die die (ungefähren, besser: exakten) Anschaffungs- und Veräußerungszeitpunkte mit Tageskurs zeigt. Ob und inwieweit das Finanzamt dem folgen wird, ist allerdings ungewiss. Im Zweifel wird das Finanzamt dann die Erträge selbst schätzen.

19. Ich wurde gehackt? Wie gehe ich damit um?

Da der Hack selbst nur schwerlich im Detail nachgewiesen werden kann, dieser aber die Ursache für den Verlust von Coins ist, die ansonsten hätten verkauft werden können, ist es umso wichtiger, dem Finanzamt die zuvor verfügbaren Informationen, die Umstände, unter denen der Hack bekannt geworden ist und die Folgen des Hacks möglichst transparent darzulegen.

Wichtig ist es auch, flankierend zum Hack sofort (d.h. innerhalb einer Stunde) eine entsprechende Strafanzeige gegen Unbekannt bei der Polizei oder der Staatsanwaltschaft zu erstatten. Eine Garantie dafür, dass das Finanzamt der Darstellung folgt gibt es nicht. Die Chancen werden durch eine solche Anzeige aber deutlich erhöht.

20. Ich habe mir im Dezember privat einige Coins zugelegt, habe aber noch nichts verkauft und möchte die Coins auch mindestens ein Jahr halten. Muss ich die Aufwendungen für den Kauf schon in meiner Steuererklärung 2017 angeben? Oder mache ich das erst komplett, wenn ich die Coins in 2019 verkaufe?

Werden die Coins länger als 1 Jahr gehalten, ist der Verkauf von der Einkommensteuer befreit. In diesem Fall können dann allerdings auch keine Aufwendungen angesetzt werden.

Es kann jedoch sinnvoll sein, den Trade trotzdem in der Steuererklärung mit anzuzeigen (und dann auch die Aufwendungen) und zwar für den Fall, dass das Finanzamt zu einer anderen Einschätzung kommt. So vermeidet man jedenfalls den Vorwurf, Steuern hinterziehen zu wollen.

21. Für das Jahr 2016 hatte ich meine Kryptogewinne einfach nicht angegeben, weil ich auch keinen Steuerberater gefunden hatte, der sich damit auskennt. Kann ich das jetzt noch nachholen?

Grundsätzlich ja. Hierzu ist es aber erforderlich, die bislang nicht erklärten Vorgänge vollständig offenzulegen und mögliche fällig werdende Nachzahlungen auch sofort und vollständig zu zahlen. Nur dann wirkt eine solche Selbstanzeige auch strafbefreiend.

Dies sollte man allerdings nicht selbst machen, sondern sich von einem Steuerberater oder Fachanwalt für Steuerrecht unterstützen lassen, da sonst die Gefahr von Fehlern viel zu groß ist, was im schlimmsten Fall bis zu einer Gefängnisstrafe führen kann (vgl. Fall Uli Hoeneß).

22. Ich habe Coins aus einem Bountyerlös. Insgesamt habe ich 2 Tage nach Bugs gesucht, einen Fehler gefunden und hierfür Free-Tokens bekommen. Wie versteuere ich die gewonnenen Tokens?

Solange die Tokens noch nicht veräußert worden sind, kann nach derzeitiger Rechtslage noch kein Gewinn entstehen, der versteuert werden könnte.

Ob es sich bei dem Bountyerlös überhaupt um einen Anschaffungsvorgang handelt, der bei Veräußerung der Tokens zu steuerpflichtigen Einkünften führt, muss zusätzlich geprüft werden. Offizielle Stellungnahmen der Finanzverwaltung oder Urteile von Finanzgerichten gibt es dazu noch nicht.

23. Muss ich zu 100% versteuern oder ist meine Arbeitszeit auch etwas wert?

Ein Abzug des Werts der eigenen Arbeitszeit ist beim Traden leider nicht zulässig. Die Einnahmen werden dadurch nicht reduziert, sondern sind zu 100 % anzugeben.

24. Bringt mir ein Gewerbe Vorteile?

Hier kommt es auf die individuelle Situation des Betreffenden an. Grundsätzlich wird davon auszugehen sein, dass eine gewerbliche Tätigkeit jedenfalls unter steuerlichen Gesichtspunkten ein Mehr an Dokumentationsaufwand und auch ein Mehr an steuerlichem Aufwand (Umsatzsteuerliche Pflichten + Gewerbesteuer zusätzlich) auslöst. Ob auf der anderen Seite dadurch mehr Ertrag entsteht, ist mehr als fraglich und muss daher im Einzelfall genau geprüft werden. Möglicherweise kann es jedoch unter Haftungsgesichtspunkten Sinn machen, dennoch eine Kapitalgesellschaft (z.B. GmbH oder UG) zu gründen.

25. Vor ein paar Monaten hatte ich für meine Freundin eine Wallet eingerichtet und ihr darauf ein paar Coins geschenkt. Als ich ihr das ein paar Wochen später mitgeteilt hatte, hat sie sich sehr gefreut. Die Coins hat sie immer noch. Kann trotzdem eine Steuer angefallen sein?

Ja, das ist durchaus möglich. In Betracht kommt eine Schenkungsteuer – für die übrigens auch der Schenker mit einstehen muss.

Eine Steuerpflicht könnte dann entstanden sein, wenn die Coins zum Zeitpunkt der Schenkung mehr als 20.000 € wert gewesen sind.

Wann die Schenkung als vollzogen anzusehen ist, muss genau geprüft werden. Die Einrichtung der Wallet reicht hierfür u.U. nicht aus. Maßgebend ist, wann die Freundin die Schenkung angenommen hat. Das ist grundsätzlich erst dann der Fall, wenn sie davon Kenntnis erlangt hat und mit der Schenkung einverstanden war. Wie dies im Einzelnen gegenüber dem Finanzamt dokumentiert werden kann oder soll, ist in jedem Einzelfall genau zu prüfen (vgl. **Kapitel 11: Schenkung und Schenkungsteuer**).

PROF. DR. JOERG ANDRES

HEUTE SCHON GESCHENKT?

VERMEIDBARE SCHENKUNGSKATASTROPHEN

... UND WIE MAN ES BESSER ALS VIELE PROMIS MACHEN KANN